Jean Klein	Wer bin ich?
Was ist der Mensch?

Jean Klein

Wer bin ich?
Was ist
der Mensch?

Gespräche über das wahre Sein
mit einem europäischen Weisen
unserer Tage

Otto Wilhelm Barth Verlag

Mein Dank gilt Emma Edwards, die diesen Band
zusammengestellt und ihm Gestalt verliehen hat;
weiterhin Mary Dresser und Henry Swift
für die Hilfe bei der Vorbereitung dieses Buches
sowie Pat und Barbara Patterson
für die vielfältigen nützlichen Hinweise.

1. Auflage 1993
Einzig berechtigte Übersetzung aus dem Englischen
von Thérèse Dethurens; Redaktion: Adrian Leser.
Titel der Originalausgabe: «Who Am I?»
Copyright © 1990 by Jean Klein.
Deutschsprachige Rechte beim Scherz Verlag, Bern,
München, Wien, für den Otto Wilhelm Barth Verlag.
Alle Rechte der Verbreitung, auch durch Funk,
Fernsehen, fotomechanische Wiedergabe, Tonträger
jeder Art sowie durch auszugsweisen Nachdruck,
sind vorbehalten.

Inhalt

Vorwort	7
Einführung	9
Prolog	15
In Beziehung sein	19
Sich selbst kennen	45
Die Natur des Denkens	101
Die Kunst des Lauschens	139
Unterscheidungsvermögen	149
Die fortschreitende und die direkte Annäherung	163
Meditation	179
Der Lehrer und die Lehre	193
Ein Gespräch über Kunst	223

Vorwort

Dieses Buch entstand aus Gesprächen, welche in verschiedenen Ländern und mit Menschen aus allen Gesellschaftsschichten stattgefunden haben, vor allem aber dank der anregenden Gespräche, welche ich mit Emma Edwards führte. Jene rührten oft an die Grenzen des Sagbaren. Ich bin ihr tief dankbar dafür, daß sie notiert hat, was sich kaum schreiben läßt, und auch für das noch Formulierungen fand, was jenseits der Worte ist, so daß der Geist des Lesers belebt und geklärt werden kann. Nur ein klarer Geist wagt es, sich seinem Ursprung hinzugeben – dem, was war und ewig sein wird.

Während ich dies niederschreibe, geht mir eine Passage aus Platons «Briefen» durch den Sinn:

Von mir wenigstens gibt es keine Schrift darüber und wird es sicher auch nie eine geben; denn das läßt sich nicht in Worte fassen wie andere Wissenschaften, sondern aus dem Zusammensein in ständiger Bemühung um das Problem und aus dem intimen Zusammenleben entsteht es plötzlich wie ein Licht, das von einem springenden Funken entfacht wird in der Seele und wächst aus sich selbst.

Jean Klein

*Das Bedürfnis, das Leben zu befragen, kommt vom Leben selbst,
von seinem noch verborgenen Teil.
Das Leben drängt uns zum Fragen. Es will bewundert werden.
Solange dies nicht geschieht, bleibt die Frage offen.*

Einführung

Die Frage «Wer bin ich?» stellt sich oftmals in unserem Leben, doch wenden wir uns meist schnell wieder von ihr ab. Oft bietet sich die Gelegenheit, uns zu befragen: Was ist das Leben? Wer bin ich? Vielleicht empfinden wir seit unserer Kindheit einen dunklen Drang nach «mehr», eine göttliche Sehnsucht. Vielleicht spüren wir, daß uns der wahre Grund unserer Geburt entgeht, wie entfremdet wir ihm sind. Vielleicht sind wir aller Wege, die wir auf der Suche nach dem Sinn des Lebens begangen haben, müde geworden: Kenntnisse, Erfahrungen und Reichtum erwerben, religiöses Suchen, hektische Aktivität, Drogen und derlei mehr. Vielleicht läßt uns eine Krise spüren, daß wir unfähig sind, die Situation zu kontrollieren. Vielleicht haben wir auch ganz einfach Angst vor dem Tod. Solche Gelegenheiten sollten nicht verpaßt werden. Sie kommen vom Leben selbst, rufen uns zum Hinschauen auf. Denn das Leben weiß, daß wir es bewundern müssen, wenn wir es wahrhaft anschauen ...

Weshalb weichen wir dem Ruf zum Fragen denn aus? Warum vermeiden wir herauszufinden, wer wir sind?

Einführung

Vor allem deshalb, weil ein ehrliches Fragen unverweigerlich das Gefühl mit sich bringt, etwas, an dem wir uns festklammern, werde zum Tode verurteilt. Dieses etwas ist die Vorstellung, die wir von uns selbst haben, die Persönlichkeit, das Ego und alles, was dazugehört.

Wir zögern aber auch, weil wir nicht wissen, wie die Frage zu stellen ist, wir fühlen ihre Nähe und wissen nicht, wie sie anzupacken ist, denn sie erscheint uns zu weitreichend, flößt uns Angst ein. Das Wunder dabei ist, daß diese beiden Ausflüchte unserer inhärenten Weisheit entspringen, aus der die Antwort selbst kommt. Sie beweisen, daß wir bereits mehr wissen, als wir glauben.

Der erste Schritt bei der Selbstbefragung ist die Feststellung, wie feige wir doch eigentlich sind, wie gewandt wir jeder Gelegenheit zur echten Befragung ausweichen und so dem brennenden Wunsch oder dem Mangelgefühl entfliehen. Möglicherweise erkennen wir diese intellektuell an, heißen sie aber nicht wirklich willkommen. Sobald wir diesen Drang jedoch zulassen, fordert uns das Leben in jedem Augenblick zum Befragen heraus. Die Frage ist ständig gegenwärtig, hinter allem unserem kompensatorischen Tun. Wenn wir deren Herausforderung angenommen haben, müssen wir uns mit ihr auseinandersetzen, damit ihr Potential offenbar wird, damit sie wirksam werden kann und uns nicht enttäuscht. Wir müssen davon überzeugt sein, daß die Frage uns zur Antwort tragen wird, und die Weise unseres Fragens muß der Frage gerecht werden.

Um zu wirksamer Selbsterforschung zu gelangen, müssen wir uns darüber im klaren sein, inwiefern sie sich von anderen Wegen des Forschens unterscheidet. Bei den Fragen, die wir uns gewöhnlich stellen, setzen wir selbstverständlich voraus, daß die Antwort für uns sinnvoll sein wird, daß sie sich auf unsere Erfahrung, unser Gedächtnis beziehen wird. Solche Fragen setzen ein Bezugszentrum voraus, ein «Ich», welches vergleichen und interpretieren kann. Die Annahme, eine Antwort auf der Ebene der Frage zu erhalten, ist völlig gerechtfertigt in der Welt der Bezugnahme, deren Hauptwerkzeuge das Vergleichen und das Gedächtnis sind. Das ist der Bereich der sprachlichen Kommunikation. Wenn wir aber fragen «Wer bin ich?», stellen wir das Bezugszentrum, den Fragenden selbst, in Frage – und was in Frage gestellt wird, kann selbst nicht antworten. In diesem Bereich spielt das Gedächtnis keine Rolle, denn womit könnten wir das «Ich» oder das «Leben» vergleichen? Wir können ja niemals außerhalb von ihnen stehen – wir *sind* das, wonach wir fragen. Da müssen wir innehalten, da gibt es keinen Ausweg. Wir wissen nicht weiter. Man kann sein Leben lang immer wieder an dieser Grenze des Begrifflichen haltmachen, so wie Kant dies getan hat. Doch hier, wo das Forschen für den Philosophen aufhört, beginnt es für den Wahrheitssuchenden erst. Dies ist der Augenblick, in dem wir von einem von der Vorahnung der Antwort motivierten Forschen zu dem übergehen, was die «heilige Suche» genannt werden könnte, welche selbst die Antwort *ist*.

Diese wahre Suche beginnt, wenn das Nicht-Wissen aufhört, ein agnostisches Konzept zu sein, und zum Erlebnis wird. Dies geschieht plötzlich, wenn das mentale Bemühen einmal auf allen Ebenen zum Stillstand kommt, wobei die kognitive Tätigkeit sich in direkte Wahrnehmung wandelt. Sobald der «Ich weiß nicht»-Zustand als eine Tatsache akzeptiert wird, löst sich die Energie, die bisher in Erwartung einer Antwort «nach außen» oder im Hinblick auf eine Auslegung «nach innen» gerichtet wurde, von der Bindung an Projektionen und wird verfügbar. Man könnte auch sagen: Die Aufmerksamkeit ist nicht mehr allein auf den objektiven Aspekt der Wirklichkeit ausgerichtet, sondern kehrt in ihren Ruhepunkt einer organischen Multidimensionalität zurück. Dies tut sich durch eine plötzliche Neuorientierung kund, durch eine Verlagerung der Achse unserer Existenz – *das Aufhören des Suchens nach Antworten außerhalb der Frage selbst.*

Wenn der Sucher das «Ich weiß nicht» einmal total erforscht hat, findet er sich in einer neuen Dimension. Dies führt zu einer völlig neuen Lebensweise. Ein Zustand der Ausweitung auf allen Ebenen, ein Offensein für das Unbekannte und daher das All-Mögliche. In dieser Offenheit, im ungerichteten Wachsein zu leben ist nichts «Mystisches» oder «Introvertiertes». Die Werkzeuge unserer Existenz, das Gedächtnis und das «Ich», stehen, wenn sie benötigt werden, zur Verfügung und werden wieder entlassen; die Gegenwärtigkeit, in welcher sie kommen und gehen, ist durchgängig. Die Abwesenheit des Bezugszentrums bedeutet nun nicht mehr Unbewußtheit, Leere, Tod. Da ist ein Bewußtseinskontinuum, das Leben, in welchem alle Phänomene auftauchen und wieder verschwinden. Nur hier herrschen absolute Sicherheit und absolute Erfüllung. Was an Begrifflichkeit, an Subjektivität übrigbleibt, ist nun leichter zu handhaben; es wird nun nicht mehr genährt und nimmt ab, bis sich auch der letzte Rest der lebendigen Frage auflöst in die lebendige Antwort.

Die folgenden Seiten sind aus öffentlichen und privaten Gesprächen mit Jean Klein zusammengestellt, welche in Europa und Amerika stattgefunden haben. Sie sind lose geordnet, damit gewisse Aspekte unterstrichen und in ihrer Tiefe erforscht werden können; das Grundprinzip bleibt jedoch immer dasselbe. Dieses Prinzip ist keine Idee, keine Synthese von Gegensätzen, auch kein Monismus – dies sind alles Konzepte. Es ist auch kein Zustand, kein Gefühl mystischer Vereinigung, keine Ekstase oder Weltverneinung. Es ist eher ein ewiger Nicht-Zustand, in welchem alle Zustände auftauchen und sich wieder auflösen. Es ist das Kontinuum, gegenwärtig in Aktivität wie in Nicht-Aktivität. Es ist das Leben selbst, unser natürliches Sein.

In diesem Buch werden verschiedene Worte wie Bewußtsein, Schönheit, Ganzheit, Stille, höchstes Subjekt, Gott, umfassendes Gewahrsein, Meditation, Urgrund, Hintergrund, Wahrheit, Seinsein für dasselbe lebendige, allumfassende Prinzip verwendet. Wenn das Prinzip einmal erkannt worden ist, darf der Leser weder zögern noch untätig bleiben, er muß es auf alle Lebensbereiche übertragen und damit experimentieren. Der wahre Inhalt solcher Worte ist lebendiges Begreifen. Das wahre Gedicht zeigt sich nach der Lektüre.

E. E.

Prolog

Was können Sie mir geben?
Gegenwärtigsein ist Geben.

Was wird gegeben?
Das, worum Sie bitten.

Worum bitte ich?
Erinnern Sie sich an das Motiv, das Sie hierhergebracht hat.

Neugier.
Sie scheinen viel zu ernsthaft, um aus bloßer Neugier gekommen zu sein – so, als gingen Sie in einen Zirkus. Was war da, bevor Sie Ihr Motiv formuliert haben? Vielleicht die Empfindung eines Mangels?

Vielleicht. Aber ein Mangel woran?
An Beziehung. Die Einsamkeit hat Sie hierhergeführt. Jeder Mangel gründet in einer Empfindung des Getrenntseins.

Ja, das stimmt. Wenn ich ganz ehrlich mit mir selbst bin, muß ich gestehen, daß ich mich oft einsam fühle. Das ist mir unverständlich, ich habe doch so viele Freunde.
Sie werden nicht mehr vom Ganzen genährt. Sie halten sich für ein Individuum, doch Sie können nicht in Autokratie leben.

Was kann ich tun, um, wie Sie sagen, vom Ganzen genährt zu werden?
Sie *sind* das Ganze. Sie brauchen bloß zu sehen, daß Sie nur *glauben*, bruchstückhaft zu sein.

Was tun, wenn es mir zum Reflex geworden ist, mich als Individuum anzusehen?
Nehmen Sie einfach Notiz von diesem Mechanismus. Ihn sehen heißt schon außerhalb von ihm stehen. Er kann noch eine Zeitlang andauern, wird jedoch nicht mehr durch Ihre Beihilfe aufrechterhalten. Dieser Mechanismus ist in Ihnen, Sie jedoch sind nicht in ihm. Wenn Sie ihn erst einmal sehen, wird der Reflex nicht mehr bestärkt. Wenn Sie ihn klar erkennen, offenbart er Sie selbst als den Wahrnehmenden.

Wenn man etwas anschaut, besteht bereits eine räumliche Beziehung, nicht wahr? So kann ich also unmöglich etwas sehen, das ich in meinem Innern selbst bin.
Genau. Nehmen Sie Notiz davon, daß Sie sich allein in einem fortwährenden Fabrizieren, im Gedächtnis kennen. Das tun Sie nur, um das Überleben der «Ich-Vorstellung» zu ermöglichen. Kommen Sie dazu, alles Projizieren zu unterlassen, und verweilen Sie in wacher Aufmerksamkeit. Dies ist ein passiv-aktiver Zustand.

In solchen von Fabrikationen freien Momenten kommt es zu spontanen Offenbarungen. Diese werden Sie schließlich als Ihr eigenes Sein, Ihre Ganzheit, Ihre eigene Gegenwärtigkeit erkennen. Zuerst erkennen Sie die Stille, dann sind Sie Stille. Sie fühlen sich autonom, also nicht mit Ihrer Umgebung identifiziert. Dann erst wird eine wahre Beziehung möglich.

Beziehungen sind der Spiegel, in welchem sich Ihr inneres Sein reflektiert.

In Beziehung sein

Gibt es in der Einheit so etwas wie Beziehung?
Mensch sein bedeutet in Beziehung sein. Als Menschenwesen leben wir in Beziehung mit den Elementen, mit Sonne, Mond, den Steinen, der Erde und mit allen Lebewesen. Was bedeutet aber «Verbundensein», «in Beziehung mit» leben? So, wie wir diese Worte allgemein verwenden, meinen wir damit irgendeine Verbindung zwischen individuellen Wesenheiten, eine Verbindung von Objekt zu Objekt oder von Subjekt zu Objekt. Das Wort «Beziehung» setzt hier Getrenntsein voraus, benennt das Zusammenfügen mehrerer Teile. Diese von Bruchstücken ausgehende Anschauung der Verbundenheit ist rein gedanklich. Sie ist ein Hirngespinst und hat als solches nichts mit der reinen Wahrnehmung, der Wirklichkeit zu tun – mit dem, was *ist*.

Wenn wir von allen Ideen und allen Projektionen frei werden, kommen wir erst wirklich in Kontakt mit unserer Umgebung. In der Praxis bedeutet dies, daß wir zuerst wissen müssen, wie wir mit dem, was uns am nächsten ist – mit unserem Körper, unseren Sinnen, unserem Geiste –, verbunden sein können, bevor wir mit unserer Umgebung in Beziehung treten können. Das einzige, was einer klaren Wahrnehmung unserer wahren Natur im Wege steht, ist die hartnäckige Vorstellung, ein getrenntes Individuum in einer mit anderen Individuen bevölkerten Welt zu sein. Wir machen uns ein Bild unserer selbst. Dieses Bild kann allein im Bezug auf Objekte aufrechterhalten werden, deshalb verwandelt es unsere Umgebung in Objekte: Freunde, Kinder, Ehepartner, Intelligenz, Bankkonto und so weiter – und geht dann mit diesen projizierten Objekten eine «persönliche Beziehung» ein. Das Trugbild eines «Ich» ist Verengung, Beschränkung der Ganzheit, des wahren Seins. Wenn diese Vorstellung erlischt, finden wir unsere natürliche Expansion, Frieden, Ganzheit ohne Peripherie oder Zentrum, außen und innen. Ohne die Vorstellung, ein Individuum zu sein, existiert keine Empfindung von Absonderung, und wir fühlen uns eins mit allen Dingen. Wir nehmen dann die Umgebung als Erscheinungsformen einer grenzenlosen Ganzheit wahr. Wenn unser Geliebter oder unsere Kinder das Haus verlassen oder wenn der Stand unseres Bankkontos abnimmt, geschehen diese Ereignisse *in uns*. Das Gewahrsein bleibt ungebrochen.

Jedes Phänomen, alles Existierende, ist Ausdruck der Ganzheit, und alle die verschiedenen Ausdrucksformen haben allein im Licht des Ganzen Bedeutung und Beziehung zueinander. In Beziehung sein heißt, innerhalb des Ganzen in Beziehung zu sein. Da es hier keine Begegnung von einzelnen Bruchstücken gibt, gibt es in der Ganzheit keinen anderen. Strenggenommen gibt es also in der perfekten Beziehung keine Verbundenheit, keine Zweiheit, es gibt nur die Ganzheit. Jede Wahrnehmung deutet direkt auf unser ursprüngliches Sein, auf die Stille, den natürlichen Nicht-Zustand, den wir mit allem Existierenden gemeinsam haben. So bedeutet in menschlicher Sprache in Beziehung sein: Kommunion mit der Ganzheit. In dieser Kommunion wird die sogenannte Gegenwart des «anderen» als spontanes Geben, unsere eigene Gegenwart als spontanes Empfangen empfunden. So gibt es kein Mangelgefühl mehr, kein Bedürfnis, etwas zu erlangen, denn wenn wir einfach nur empfangen, führt uns das in unsere Offenheit. Wenn wir in Offenheit leben, ist unser erster Impuls: Geben. In Offenheit, in spontan gebender Haltung sein ist Liebe. Liebe ist Meditation, sie ist eine neue Dimension des Lebens.

Sie sagen, es gäbe keinen anderen, aber Sie können unmöglich sagen, daß zwischen den Menschen keine Unterschiede bestehen. Ich habe meinen Charakter und meine Fähigkeiten, so wie andere die ihren haben.
Sie leben eingeengt, halten sich für ein Individuum. Wo finden Ausdrücke wie «ich» und «mein» ihre Bedeutung? Wenn Sie einmal wirklich in sich hineinschauen, können Sie nicht sagen, der Körper gehöre Ihnen. Sie sind das Resultat der Begegnung zweier Menschen, jeder Elternteil hatte seinerseits zwei Eltern, und so fort. Die ganze Menschheit ist in Ihnen. Sie sind, was Sie in sich aufnehmen. Sie essen Gemüse, Fisch, Fleisch; diese sind wiederum vom Licht, von der Sonne, der Wärme abhängig. Das Licht ist mit dem Mond, und die Sterne sind alle miteinander in Beziehung. Es läßt sich nichts Persönliches in uns finden. Der Körper steht in organischer Beziehung mit dem Universum, er ist aus denselben Elementen zusammengesetzt wie alles andere auch.

Die Zusammensetzung der Elemente ist von Mensch zu Mensch verschieden, diese Variationen sind aber unbedeutend. Es mag Unterschiede in der Struktur oder Farbe geben, Konstitution und Funktionen sind aber in jedem von uns dieselben. Es gibt nichts Persönliches im Herzen, in der Leber, den Nieren, Augen, Ohren, in der Haut, ebensowenig in den Elementen, aus denen sich unsere Verhaltensmuster aufbauen, im Denken, Reagieren, in der Wut, der Eifersucht, dem Ehrgeiz, dem Vergleichen und so weiter. Alle Menschen haben dieselben emotionalen Zustände. Die Körper-Geist-Funktionen sind universal, und der Körper-Geist des Menschen braucht überall die gleiche Pflege.

Dies müssen Sie verstehen und mit dem Körper zusammenarbeiten. Das Nichtwissen um diesen Mechanismus schafft Konflikte. Die Selbsterforschung kann nur im Alltagsleben durchgeführt werden. Körper und Geist spiegeln sich von früh bis spät in Ihrem Verhalten. Ihre Aufmerksamkeit sollte zweipolig sein, das innere wie das äußere Feld beobachtend. Beziehungen sind der Spiegel, in welchem sich Ihr inneres Sein reflektiert. Seien Sie sich bewußt, ein Glied in der Kette des Seienden zu sein. Wenn Sie dies wirklich empfinden, liegt der Schwerpunkt nicht mehr auf der Idee, ein Individuum zu sein, und Sie treten spontan aus Ihrer Beschränktheit heraus. Sie leben nicht länger in Isolation. In der Verbundenheit erhalten Sie einen Vorgeschmack des Gegenwärtigsein.

So existiert also das Individuum nicht als gesonderte Wesenheit; existiert aber die Persönlichkeit nicht als einzigartiger Teil des Ganzen?

Die Person ist in Wirklichkeit nur *persona*, Maske, sie ist jedoch mit der Idee des Individuums, einer gesonderten, beständigen Wesenheit gleichgesetzt worden. Die Persönlichkeit ist aber nicht die Konstante, für die wir sie halten. Sie ist in Wirklichkeit nur eine zeitweilige Neuorchestrierung all unserer Sinne, unserer Intelligenz, Einbildungskraft, den Erfordernissen einer jeden Situation entsprechend. Es gibt keine Wiederholungen im Leben, jede Neuorchestrierung ist einzigartig und neuartig – wie die Bilder eines Kaleidoskops. Der Irrtum besteht darin, daß wir uns mit der Persönlichkeit identifizieren, sie mit Hilfe des Gedächtnisses begrifflich festlegen und uns dann für dieses Bündel kristallisierter Vorstellungen halten, anstatt alle Emotionen, Wahrnehmungen und Gedanken in uns aufkommen und wieder verlöschen zu lassen. Wir sind im Theater und schauen unserem eigenen Spiel auf der Bühne zu. Der Schauspieler ist immer «hinter» seiner *persona*. Er scheint ganz in seinem Schmerz verloren, darin ein Held, ein Liebhaber, ein Schuft zu sein; doch alle diese Erscheinungen finden in der umfassenden Gegenwärtigkeit statt. Diese Gegenwärtigkeit ist nicht mit einer losgelösten Haltung vergleichbar, mit der Zeugenhaltung. Es ist nicht ein Gefühl, gesondert, «außerhalb», zu sein. Es ist die Gegenwart der Ganzheit, der Liebe, aus welcher alles strömt. Wenn keine Situation unser Tun erfordert, bleiben wir in nichttätiger Leere – in dieser Gegenwärtigkeit.

Was ändert sich im Leben, wenn man nicht mehr mit der Person identifiziert ist?
Als erstes bemerken Sie, wieviel reichhaltiger und tiefer Ihre Wahrnehmungen sind. Die Kommunikation wird vielseitiger. Gewöhnlich sind wir in Kommunikationsmuster verstrickt; wenn wir jedoch in Offenheit leben, erwacht eine große Sensibilität in uns, eine Sensibilität, die wir uns nie erträumt hätten.

Wenn wir mit unserer Umgebung aus der Ganzheit heraus umgehen, wird unsere totale Struktur lebendig. Wir hören dann Musik nicht nur mit den Ohren; wenn diese sich der Töne nicht mehr bemächtigen, empfinden wir die Musik, ihre Farbe, ihre Form, ihre Schwingung mit unserem ganzen Körper. Sie gehört dann nicht mehr einem bestimmten Organ, sondern unserem integralen Sein an. Dies bringt eine tiefe Demut mit sich, eine Art Unschuld. Wahre Kommunikation ist nur in Demut möglich.

Dann lebt man in einer völlig neuen Dimension. Als Persönlichkeit leben heißt beschränkt leben. Leben Sie nicht beschränkt. Lassen Sie die Persönlichkeit in Ihnen leben. Nicht gesondert in seiner Umgebung zu leben ist von großer Schönheit.

Könnten Sie mehr über die Demut in zwischenmenschlichen Beziehungen sprechen?
Demut ist nicht etwas, das Sie wie ein Kleidungsstück tragen können. Sie hat nichts mit gesenktem Kopf und niedergeschlagenen Augen zu tun! Sie kommt zustande, wenn die Individualität wieder ins Sein, in die Stille aufgesogen ist. Sie kommt, wenn alle Unruhe endet. Demut ist in der Aufmerksamkeit, in der Wachheit. Sie

ist Empfänglichsein, Offenheit all dem gegenüber, was das Leben bringt. Wenn man vom psychologischen Gedächtnis, vom Anhäufen von Wissen frei ist, ist das Unschuld. Unschuld ist Demut.

In intimen oder problematischen Situationen sollte jeder voller Demut zur Sprache bringen, was er empfindet. Das ist ein bloßes Aussprechen von Tatsachen, ohne Rechtfertigung, ohne Erklärungen. Wir sollten keine Schlüsse ziehen. Wenn wir der Situation gestatten, von Bewertung und vom Druck des Schlußfolgerns frei zu sein, zeigt sich so vieles, das nicht dem Bereich unseres Gedächtnisses angehört.

Demut entsteht, wenn man sich nicht auf ein «Ich» bezieht. Diese Leere ist der Heilungsfaktor einer jeden Situation. Heidegger sagt: «Der Offenheit offen sein». Seien Sie für das Nicht-Schlußfolgern offen. In solcher Offenheit bringt die Situation ihre eigene Lösung, im Offensein empfangen wir sie. Wenn sich die Lösung zeigt, mischt sich der Verstand oft ein, tritt in Konflikt mit ihr und stellt sie in Frage.

Ist das Geben, ist die Liebe immer gegenwärtig, auch wenn jemand äußerst negativ ist?
Da Sie immer aufnahmebereit sind, erscheint Ihnen alles wie ein Geschenk und weist auf Ihr wahres Wesen hin. Dabei ist Ihre aufnahmebereite Haltung wesentlich, nicht das, was den Hinweis gibt. In der Aufnahmebereitschaft entfalten sich alle Objekte und werden in Liebe umgewandelt.

Wenn jemand sich negativ zeigt und Sie dieser Negativität keinen Ansatzpunkt geben, ist es möglich, daß er plötzlich auf sich selbst zurückgeworfen wird. Es ist, als griffe er nach einer Türklinke, von der er sicher ist, daß sie da ist, und würde sich – weil er sie nicht vorfindet – plötzlich seiner leeren Hand bewußt. Dann gehört die Situation nicht mehr einer Vorstellung, sondern dem Gewahrsein selbst an.

Worauf stützt sich die Wahl unserer Freunde, solange wir den «Ich»-losen Zustand nicht erreicht haben?
Sie können sich Freunde nicht suchen. Diese kommen zu Ihnen. Hintergrund jeder Begegnung ist der Moment, in dem es nichts zu sagen gibt. Hier gibt es Gefühl ohne Gemütserregung. Wenn dieser Hintergrund nicht lebendig und gegenwärtig ist – dessen können Sie gewiß sein –, ist er bloß von Worten, Vorstellungen und Projektionen überschattet. Ein Mann, eine Frau existieren nicht aus sich selbst. Sie tauchen gelegentlich aus diesem Hintergrund auf. Allein in dieser Abwesenheit von Erwartung können sich die Eigenschaften der Frau oder des Mannes ohne Klischee und Wiederholung zeigen. Eine wahre Begegnung zwischen zwei Personen ist sehr selten, meist handelt es sich nur um ein Zusammentreffen zweier Verhaltensmuster. Daraus entstehen Konflikte und Langeweile.

Ihre Nachbarn und Freunde machen sich bestimmte Vorstellungen von Ihnen. Lassen Sie sich davon nicht einnehmen, und machen Sie sich auch keine Vorstellungen von anderen. Halten Sie die Leute nicht in Ihrem Gedächtnis gefangen. Die Umstände wiederholen sich nie. Das Leben wiederholt sich nie. Das Ego allein sehnt sich nach der Sicherheit des Bekannten, in der jedes Wesen und jede Situation etikettiert ist. Leben Sie in Ihrer Umgebung, als wäre es das erste Mal. Seien Sie ohne

Merkmale und Eigenschaften. In dieser Blöße sind Sie schön, und jeder Augenblick ist voller Leben.

Wie kann ich zwischen impulsivem und spontanem Verhalten unterscheiden?
Impulsives Verhalten ist ein Reagieren. Es ist Konditionierung. Wenn Sie sich für nichts halten, sind Sie liebendes Sein, und da gibt es kein Reagieren. Was Sie sagen oder tun, gehört der Situation selbst und nicht einer Idee an. Spontanes Handeln ist frei vom Gedächtnis. Es ist vollkommen ästhetisch, schön und richtig. Es ist von Grund auf ethisch.

Um genauer zu sein: Mir ist nicht ganz klar, wann sexuelles Verlangen impulsiv oder zwanghaft und wann es spontaner Ausdruck der Liebe ist.
In wahrer Liebe gibt es weder einen Liebenden noch einen Geliebten. Der Körper möchte in einem gewissen Moment diese Liebe auf der körperlichen Ebene zelebrieren. Diese Einheit der körperlichen Empfindung entspricht direkt der Einheit der Liebe selbst.

Der Umgang zweier Liebender miteinander ist eine Kunst. Ein Künstler appelliert an seine höchste Imagination. Die Imagination muß aber die Liebe verherrlichen und nicht als Kompensation für deren Mangel benutzt werden. Biologischer Rhythmus und Imagination werden von der Liebe getragen, und einzig die Liebe kann die Stimulation immer wieder erneuern; sonst bleibt nur Langeweile.

Heute wissen die Leute leider kaum zu unterscheiden zwischen dem Verlangen, das dem biologischen Rhythmus entspringt, und dem Verlangen, das aus dem Denken kommt und bloß mechanische Wiederholung ist. Die mentale Stimulation ist so stark, daß die meisten Menschen das Gefühl für ihren biologischen Rhythmus verloren haben und entweder abgestumpft sind oder eine mechanische Gier empfinden. Die mechanische Wiederholung stellt sich dem biologischen Rhythmus entgegen; in ihr sind nur Nehmen und Benutzen. Sobald das Denken, das Gedächtnis sich einmischt, verfügt der Körper nicht mehr über all seine Möglichkeiten, die sinnliche Stimulierung verliert ihre Macht, und Sie müssen dann mit Vorstellungen und mit Anstrengung kompensieren. Es ist ein Teufelskreis.

Sie müssen die Natur Ihres Verlangens klar sehen. Lassen Sie sich nicht durch Informationen aus zweiter Hand beeinflussen. Es gibt nur Liebe, und in dieser Liebe erscheinen von Zeit zu Zeit Mann und Frau. Dieses Erscheinen ist nicht durch Gewohnheit oder automatische Reflexe bedingt; die meisten sogenannten Antworten, die den Leuten gegeben werden, sind nur Reaktionen und Gewohnheiten.

Gibt es so etwas wie unmoralisches Verhalten?
Wenn Sie als Bewußtsein leben, bringt jeder Augenblick Moralität, die aus dem Schönen erwächst. Wer im Schönen lebt, empfindet die kodifizierte Moral als unmoralisch: Was heute in einer bestimmten Situation moralisch sein mag, ist möglicherweise der Situation des nächsten Tages nicht mehr angemessen. Eine kodifizierte Moral akzeptiert Wiederholung. Wenn jeder Moment sein eigenes moralisches Verständnis und seine eigene Handlungsweise mit sich bringt, tritt eine

Art von innerer Plastizität des Körpers und des Geistes auf. Solange Sie sich eine persönliche Identität zuschreiben, motiviert sie Ihr Streben nach Sicherheit und Kompensieren – Sie leben nicht im Augenblick. So ist die heutige Menschheit. Wir leben in einer Gesellschaft der Lahmen, welcher Verstehen und Reife abgehen. Und deshalb muß die kodifizierte Moral herhalten, den völligen Zusammenbruch der Gesellschaft zu verhindern. Wenn wir also unseren Kindern eine kodifizierte Moral als Krücken geben, soll dies in der festen Überzeugung geschehen, daß sie eines Tages dazu fähig sein werden, intelligent zu handeln.

Sie haben gesagt, der Umgang Liebender miteinander sei eine Kunst. Bedeutet dies, daß jeder sexuelle Ausdruck ästhetisch ist?
Wenn alles in Liebe aufsteigt und wieder versinkt, alles Ausdruck der Liebe ist, warum dann in Beschränktheit leben? Da gibt es keinen Mann, keine Frau, da ist nur Liebe. Diese unbedingte Liebe kann auf die biologische Ebene übertragen werden, doch was man «Sexualität» nennt, existiert für mich nicht. Wenn es sich einzig um eine biologische Handlung oder um ein vorübergehendes Gefühl handelt, hat man nachher oft die Empfindung, etwas verloren zu haben, und dies bringt eine psychologische Reaktion von Abneigung oder von Gleichgültigkeit mit sich, derer man sich oft nicht bewußt ist. Man kann nur feststellen, daß das gegenseitige Interesse der beiden Partner verschwunden ist. In einer solchen, wesentlich aufs Biologische gegründeten Beziehung besteht Getrenntheit. Wenn dagegen die biologische Funktion Erweiterung des Lebens im Einen ist,

gibt es darin kein Empfinden von Getrenntsein. Die Freude des Einsseins ist reine Liebe, sie wird ihre Anziehungskraft niemals verlieren.

Jeder Ausdruck der Liebe ist moralisch. Darin sind Sie Dichter, Musiker, Künstler – Sie zelebrieren mit Ihrem ganzen Sein.

Wenn ich wirklich von Augenblick zu Augenblick lebe, scheint dies unvermeidlich eine Art Intimität in viele Beziehungen zu bringen, ohne Vergleichen und ohne etwas wirklich Problematisches. Ich verliebe mich offenbar sehr leicht und habe immer angenommen, dies sei einfach meine Natur.
Sie leben *für* den Augenblick, nicht *im* Augenblick. Sie identifizieren sich noch völlig mit den verschiedenen Bildern auf dem Film. Sie leben noch im Werden, in Erfahrungen und Abenteuern. Was Sie «sich verlieben» nennen, ist nur ein Festhalten an einem Zustand. In ihm ist keine wahre Emotion, nichts Neues. Er schafft bloß Sicherheit für Ihr Selbstbild als Mann oder als Liebhaber. Weshalb wollen Sie sich auf eine Vorstellung beschränken? Sehen Sie klar, daß das Licht, welches den Film durchleuchtet, selbst farblos ist.

Eine Beziehung, die zwischen zwei Persönlichkeiten – zwei Vorstellungen – stattfindet, bringt nur Konformität, Ausbeutung und Ansprüche, auch Zwanghaftigkeit und Gewalt. In der höchsten Intimität dagegen finden sich Empfindsamkeit, Sinn für Schönheit und Eleganz. Körperliche Beziehung ist dann die körperliche Manifestierung, welche einen solchen spirituellen Zustand der Einheit krönt. Damit die körperliche Beziehung aber in solchen Höhen erlebt werden kann, muß sie spontaner Ausdruck zweier Liebender sein, die wirklich in Einheit leben.

Aber ich kann mit vielen Menschen im Einklang sein und empfinde dann das natürliche Bedürfnis, dies auf der körperlichen Ebene zu konkretisieren. Ich kann ganz unbelastet von einer Liebeserfahrung zur andern gehen.
Ihr Körper wurde mißbraucht und total von Verhaltensmustern geprägt. Solches Verhalten kommt aus einem mentalen Schema, durch welches das selektive Unterscheidungsvermögen systematisch unterdrückt wurde. Ohne dieses Schema ist der Körper völlig frei, und eine reife Sensibilität erwacht, in der die selektive Unterscheidung wieder Spielraum erhält.

Wenn Sie uns also sagen, Liebe sei nicht ausschließend, so hat dies nichts mit intimen Beziehungen zu tun?
Liebe gehört allen Menschen. Es besteht kein Grund dazu, sie auf körperlicher Ebene mit jedermann verifizieren zu wollen.

Sie haben vorhin gesagt, wahre Freundschaft sei die Stille, in der es nichts mehr zu sagen gibt. Könnten Sie das noch etwas ausführen?
Nehmen wir an, Sie leben mit jemandem, den Sie wirklich lieben. Es mag dann öfter Momente geben, in welchen es nichts zu fühlen, nichts zu denken gibt. Da ist nur Zusammensein. Dies können Sie oft bei Paaren spüren, die schon lange Zeit zusammen sind. Wenn Sie mit einem Mann oder mit einer Frau leben, kommt die Zeit, wo Sie alles über die Vergangenheit des andern wissen, wo es nichts mehr zu sagen gibt. Aber in den Lücken ist Fülle, nicht Leere, und das totale Geborgensein, das sich darin findet, ist der Hintergrund der ganzen Beziehung. Dann ist das Miteinandersein wunder-

schön. Alles kommt aus dieser Stille und löst sich wieder in ihr auf.

Gibt es für Eltern einen Weg, Kinder so zu erziehen, daß sie sich nicht mit der Person identifizieren?
Bis zu einem bestimmten Alter orientiert sich das Kind immer an Ihnen, um sich in der Welt zurechtzufinden. Deshalb sollen Sie selbst frei sein; Ihre Freiheit ist ihm dann eine Lehre. Das Verhalten der Eltern ist sehr wichtig. Es gibt so vieles, das sich nicht sagen läßt, das nur vorgelebt werden kann. Natürlich enthält Ihre Verhaltensweise Autorität, jedoch niemals zwingende Autorität. Echte Autorität ist niemals autoritär. Sie erwächst aus unpersönlicher Weisheit, nicht aus der Persönlichkeit.

Das Kind muß begreifen, daß es keine Wiederholungen gibt. Man soll eine Erfahrung niemals fixieren. Es soll lernen, immer zu forschen. Jedes Ereignis soll auf eine neue Weise angegangen werden. Dies bedeutet, daß Sie Ihr Kind nicht als etwas Bestimmtes – als ein Kind – anschauen, sondern in jedem Augenblick seiner Totalität gegenüberstehen. Vergleichen Sie es nie mit jemand anderem. Wenn Sie sich selbst als Elternteil und das Kind als Kind betrachten, so kann es sich eingekerkert fühlen, wenn es vielleicht auch gar nicht weiß, warum. Zwischen Eltern und Kindern soll Freundschaft herrschen. In der Freundschaft gibt es weder Vater noch Mutter, noch Kind – da ist nur Liebe.

Wie kann ich mein Kind erziehen, ohne daß Wiederholungen vorkommen?
Wo die Phantasie ausgebildet ist, gibt es keine Wiederholungen. Bis zum Alter von sieben, acht Jahren muß die rechte Hirnhemisphäre besonders gefördert werden: Gefühl, ganzheitliche Wahrnehmung, Intuition. Das Kind sollte sich vor allem dem Malen, Spielen, Musizieren, Tanzen und ähnlichen Aktivitäten widmen können. Auf diesem Hintergrund kann sich später das linke, analytische Hirn entwickeln.

Sollen Kinder zur Schule gehen?
Unser Erziehungssystem ist vor allem im Hinblick auf das Überleben der Person aufgebaut. Man findet sehr wenig Humanismus in unserer Erziehung, alles ist auf dieses psychologische Überleben in einer auf Wettbewerb basierenden Gesellschaft ausgerichtet. Die Jugendlichen sind jedoch der Beginn einer neuen Gesellschaft. Wenn Sie Ihr Kind zu Hause erziehen, hat es vielleicht Gelegenheit, zu einem wunderbaren Menschenwesen heranzuwachsen; Sie sollten diese Verantwortung jedoch auf intelligente Weise und mit offenen Augen tragen, denn dieses Kind kann sich später, wenn es größer geworden ist, auch gegen Sie wenden und Ihnen vorwerfen, Sie hätten es für das Überleben in der heutigen Zeit nicht gewappnet.

Wie kann ich ein Kind erziehen, so daß es kodifiziertes Verhalten als Übergangslösung zu begreifen lernt?
Sie müssen selbst von kodifiziertem Verhalten frei sein. Wirken Sie niemals einschränkend auf eine Situation ein. Natürlich kann die Situation ihre eigenen funktio-

nellen und moralischen Einschränkungen mit sich bringen. Diese gründen jedoch nicht auf einer Idee. Sie kommen aus Ihrem ganzheitlichen Sehen, aus totaler Intelligenz.

Ein Kind lernt zuerst von der Kernfamilie. Wenn es bei seinen Eltern richtiges Wahrnehmen, Handeln und Denken vorfindet, imitiert es spontan richtiges Verhalten.

Ich mache mir oft finanzielle Sorgen. Ist dies gerechtfertigt?
Sie sind nicht der Besitzer dessen, was Sie haben; Sie verwalten es nur. Wenn Sie sich als Verwalter und nicht als Besitzer dieser Habe empfinden, werden Sie sich total anders verhalten, weil Sie frei von ihm sind. Sie werden es auf andere Art anwenden, nämlich der Situation entsprechend und nicht mehr im Hinblick auf ein Anhäufen. Geben Sie Ihr Geld mit Anmut aus!

Wie können wir wissen, was wir benötigen? Ich habe eine Familie, und deshalb neige ich dazu, mir Sorgen um die Zukunft zu machen.
Wenn Sie erst einmal sich selbst kennen, kommen Sie zu einer neuen Wertskala. Sobald Sie den Akzent nicht mehr auf die Erscheinungen setzen, werden Sie sich der Welt ganz anders bedienen. Nehmen Sie nicht an einer auf Wettbewerb und Produktion ausgerichteten Gesellschaft teil, welche fortwährend neue Bedürfnisse schafft, neue Elemente zum Überleben. Unsere Gesellschaft ist dem Konsum verhaftet, der eine völlig künstliche Erfindung ist.

Verwenden Sie nicht zuviel Zeit dafür, Geld anzuhäufen. Es wäre gut, wenn Sie nur drei bis vier Tage in der Woche arbeiten müßten oder die Hälfte des Tages im Schönen verbringen könnten. Wenn Sie eine Familie haben, hat die Gegenwart eine bestimmte Ausdehnung. Wie weit sie reicht, wissen nur Sie selbst. Sie sollten jedoch nicht in der Zukunft leben!

Wir haben vorhin darüber gesprochen, wie man mit Zorn umgehen soll, wenn es sich dabei um einen emotionalen Zustand, um eine Gemütsreaktion handelt. Kann Zorn niemals etwas anderes als Reaktion sein?
Doch, es gibt einen göttlichen Zorn, doch ist das nicht eigentlicher Zorn. Es ist eine Aktivität, die nichts mit irgendeinem Selbstbild zu tun hat. Es ist ein Auftauchen der Ganzheit in einer Geste angemessenen Funktionierens. Von außen kann es wie Zorn aussehen, doch ist es nicht Zorn. Es ist total frei von allem Reagieren und hinterläßt keine Rückstände. Wenn die Situation vorbei ist, löst es sich augenblicklich auf.

Kann diese unpersönliche Aktivität mit Kämpfen zu tun haben?
Sobald die jeweilige biologische Umgebung wie Körper, Familie, Haus und Hof in Gefahr ist, kommt es zu einer spontanen Handlung. Sie kommt aus dem Wunsch zu beschützen, aus dem biologischen Selbsterhaltungstrieb, welcher von kleinlichen Anschauungen frei ist, und auch von der Vorstellung eines zu bewahrenden «Ich». Die Handlung ist daher völlig in eine ganzheitliche Schau integriert und dem Augenblick angepaßt. Sie dauert nicht länger als die Situation selbst und löst sich wieder in der Stille auf – in der Ganzheit, aus welcher sie gekommen ist.

Wie ist es mit dem Handeln in einem großen Krieg?
Das kollektive Vorausgreifen ist immer psychologisch, ein Verteidigen von Ideen. Eine Gesellschaft, welche nie vorausgreifend aus einer Idee heraus handelt, kann nicht aggressiv sein. Die Verhaltensweise im Krieg hängt vom Augenblick selbst ab. Es muß Würde in der Verteidigung sein. Ein reaktionsfreies Handeln entspringt der Intelligenz. Seit jeher haben wir uns ausschließlich auf eine Art der Konfliktlösung konzentriert: auf die physische Vernichtung. Konflikte können jedoch auf vielfältige Weise gelöst werden, und niemand kann im voraus sagen, welche davon angemessen sein wird. Wenn Sie frei von egoistischen Beweggründen leben, sind Ihre Fähigkeiten überraschend vielfältig.

So kann es also Augenblicke geben, in welchen es richtig ist, mit passiven Mitteln zu kämpfen?
Man handelt dem Augenblick entsprechend frei von psychologisch und politisch vorausbestimmten Ideen. Dann sind Sie in der Situation gegenwärtig, und allein in dieser Gegenwärtigkeit kann die Intelligenz funktionieren. In jeder Situation einem Passivitätsideal folgen zu wollen ist nicht intelligenter, als mit einem aggressiven Ideal zu handeln. Sie sollten über alle Mittel frei verfügen können. Es mag Zeitpunkte geben, wo angemessenes Handeln darin besteht, Ihren Gegner zu sich einzuladen und ihm eine Mahlzeit anzubieten. Doch so etwas wie eine rein passive Haltung gibt es nicht. Es gibt nur Handeln – Nichthandeln ist auch Handeln.

Was halten Sie vom Nationalismus?
Das biologische Überleben schließt die Gemeinschaft mit ein, die Sprache, die Rituale, das Brauchtum und so weiter. Kultur ist eine Erweiterung des Individuums, deshalb gehört in diesem Sinn der tiefe Wunsch, die Kultur zu bewahren, der biologischen Selbsterhaltung an. Der Nationalismus wurzelt jedoch im Idealismus, er ist ein fabriziertes Abstraktum. Er sucht kollektives psychologisches Überleben. Der Bewahrungsinstinkt des psychologischen Überlebens hat gewisse Grenzen – die der körperlichen Sicherheit. Es ist unmöglich, daß biologisches Überleben allein zu einem Krieg im großen Rahmen führen kann. Die Grenzen des psychologischen Überlebens sind dagegen weniger genau bestimmt. Das psychologische Überleben entstammt dem Mentalen und wird genausoweit gehen wie dieses.

Sie sagen, wir sollten von Idealen frei sein. Was ist dann, Ihrer Meinung nach, die Funktion des Idealismus?
Er ist ein Mittel der Gesellschaft, die verschiedenen Individuen und Individuengrüppchen – welche natürlicherweise eine Kultur bilden – zu einem größeren und homogeneren Kollektiv zusammenzuschließen. Jeder Idealismus, auch der spirituellste, wurzelt in berechnendem Denken und im Werden. Krieg gehört selbstverständlich dem Werdeprozeß an, dem Streben, dem Vergleichen – einem Werden für das hypothetische Überleben der Person, wo es doch in Wahrheit gar keine Person gibt.

Ideale mögen zum Krieg führen; wo bleiben diese Ideale aber im Moment des Kampfes?

Wie kann ich am besten dazu beitragen, Frieden in diese Welt zu bringen?
Frieden suchen Sie also? Sie möchten Ihre Umgebung in Frieden sehen? Sind Sie denn friedlich? Bevor Sie nämlich Ihrer Umgebung Frieden bringen können, müssen Sie selbst in Frieden sein. Stellen Sie sich zuerst Ihrem eigenen Mangel an Frieden. Sehen Sie, wie Sie dauernd im Krieg mit sich selbst sind, heftig und aggressiv gegen sich selbst. Solange es ein Ego gibt, so lange besteht ein Konflikt. Solange Sie sich für eine unabhängige Wesenheit halten, so lange gibt es Konflikte, und der Versuch, dem sozialen Konflikt ein Ende zu bereiten, ist zum Scheitern verurteilt. Wenn Sie nicht mit sich selbst in Harmonie leben, bleiben Sie Komplize der Gesellschaft.

Die Frage von Krieg und Frieden ist sehr wichtig. Wenn Sie zur existentiellen Erfahrung umfassenden Seins gelangen, finden Sie wahre Freiheit und eine absolute Sicherheit. Solange Sie diese Freiheit nicht integriert haben, können Sie nichts zu einer sozialen und politischen Freiheit beitragen. Freiheit kann niemals aus einem System erwachsen.

Es ist aber notwendig, die Institutionen zu beeinflussen. Wie können wir dies tun?
Versuchen Sie nicht, Einfluß auszuüben. Wenn Sie atmen, ist die ganze Welt augenblicklich von Ihrem Ein- und Ausatmen betroffen. Wenn Sie also in Frieden leben, strahlen Sie Frieden aus. Wenn Sie jemand um Hilfe bittet, helfen Sie natürlich. Werden Sie jedoch nicht zu einem berufsmäßigen Wohltäter!

Gibt es nicht eine persönliche Verantwortung, die uns dazu veranlaßt, Dinge, welche uns falsch erscheinen, zu ändern?
Wenn Sie frei sind von der Vorstellung, jemand zu sein, spielt das Problem der Verantwortung keine Rolle mehr. Sind Sie nicht mehr durch die Persönlichkeit eingeschränkt, *ist* Intelligenz, und Ihr Handeln wird jedem Augenblick gerecht.

Wenn Sie annehmen, «jemand» zu sein – ein Freund, ein Helfer, eine politische Persönlichkeit, ein Lehrer, eine Mutter, ein Vater und so weiter, dann sehen Sie die jeweilige Situation nur durch diese Brille. Dies zeugt von einer fragmentarischen Anschauung, und weil sie einseitig ist, erwachsen Konflikt und Reagieren daraus. Weil Ihr Handeln dann nicht aus der Totalität kommt und sich wieder in ihr auflöst, wird es Rückstände hinterlassen. Bevor man handelt, muß man die Situation verstehen. Um sie voll zu verstehen, müssen Sie die Tatsachen frei von allen vorgefaßten Ideen ins Auge fassen. Die Situation muß zu Ihrer Ganzheit gehören, sonst sind Sie ans Rad des Reagierens gebunden, wo es nur um die Beziehung von Vorstellungen geht.

Wenn Sie ein berufsmäßiger «Macher» geworden sind, können Sie nicht mehr spontan handeln. Sie können keine Harmonie schaffen. Wie schön ist es, nichts zu sein, ohne Eigenschaften. Alles, was sich zeigt, erscheint in Ihnen, und Sie handeln dem Erscheinenden gemäß, indem Sie Ihr intellektuelles, physisches und materielles Kapital anwenden. So ist jede Handlung im Gleichgewicht.

Sie sagen: Werden Sie nicht zu einem berufsmäßigen Wohltäter. Wie steht es aber, wenn dies meine Arbeit ist? Ich weiß, daß Sie selbst um die ganze Welt reisen, um Gutes zu tun. Wir können nicht hier sitzenbleiben und die Menschheit leiden lassen. Jemand, der vor Hunger stirbt, ist nicht an Selbsterforschung interessiert. Zuerst muß man sich um das biologische Überleben kümmern. Das verlangt Fachleute.

Ich sage nicht, Sie sollen sich nicht um die Welt kümmern, aber Sie müssen zuallererst wissen, wie Sie die Tatsachen richtig anfassen können, das bedeutet, vom persönlichen Standpunkt befreit. Je nach dem Standpunkt, den wir beziehen, erscheint uns unsere Umgebung anders. Aus der Sicht des Körpers und der Sinne erscheint uns die Welt als sinnliche Wahrnehmung. Aus dem mentalen Blickwinkel erscheint sie mental. Vom Bewußtsein aus ist die Welt nur Bewußtsein. Wenn Sie diesen Raum verlassen, versuchen Sie nicht, irgend etwas zu ändern. Gewahren Sie nur, daß Ihre Ideen und Handlungen aus dem mentalen Bereich stammen.

Sobald Sie Ihre Umgebung vom Bewußtsein her betrachten, werden Sie die Dinge ganz anders sehen, und weil Sie die Dinge anders sehen, wird Ihr Verständnis und Ihr Tun anders sein. Die Welt läßt sich niemals vom persönlichen Standpunkt aus verändern. Sie können die Gesellschaft allein vom Unpersönlichen, vom Bewußtsein her verwandeln. Die Frage «Wie kann ich die Gesellschaft ändern? – Es gibt so vieles, womit ich nicht einverstanden bin» erhebt sich oftmals. Begreifen Sie: Kein Umbruch ist möglich, wenn die Handlung nicht einer völlig neuen Sichtweise erwächst. Im persönlichen Bereich bleiben Sie Komplize der Gesellschaft. Schöpferisches Tun kann erst erblühen, wenn

Sie die Gesellschaft vom Standpunkt des Bewußtseins her betrachten. Dann sind Sie wirklich mit der Gesellschaft, der Situation, der Welt verbunden. Sonst beziehen Sie sich bloß auf sich selbst, auf Ihre Reaktionen und Abneigungen. Sehen Sie, daß die Gesellschaft mit Ihnen beginnt.

Sie selbst sind Ihre nächste Umgebung, beginnen Sie also bei sich selbst. Wenn Sie lernen, Ihre allernächste Umgebung klar zu sehen, werden Sie automatisch wissen, wie die gesamte Umgebung anzuschauen ist. Dies ist eine verständige Weise zu sehen, und das Verstehen führt zum richtigen Handeln. Wenn Sie zum lebendigen Begreifen kommen, brauchen Sie weder mich noch jemand anderen zu fragen, was Sie tun sollen.

Muß man nicht dafür arbeiten, die Kommunikation und den Dialog zwischen den verschiedenen Ländern zu verbessern?
Was ist Kommunikation? Gibt es weniger Kriege, seit diese sogenannte Kommunikation zugenommen hat? Lernen Sie zuallererst, mit sich selbst und mit Ihrer nächsten Umgebung ins Gespräch zu kommen. Reinigen Sie Ihr eigenes Zimmer und bereiten Sie es für die Gäste vor. Wenn in *einer* Gesellschaft Ordnung und Harmonie herrschen, wird die ganze Welt davon berührt. Wer zu einem berufsmäßigen Wohltäter wird, flieht die Konfrontation mit seinem eigenen Boden. Das ist nur eine Tarnung. Sicher, wenn sich eine Gelegenheit zum Helfen bietet, sollten Sie Ihre Hilfe nie verweigern.

Aber wir brauchen doch sicherlich Zielsetzungen im Leben?
Wenn es ein «Ich» gibt, so gibt es einen Zweck. Wenn

kein Ichgefühl vorhanden ist, gibt es keinen Zweck. Das Leben hat keinen Zweck. Nur im Leben im Nicht-Zeitlichen ist Schönheit. Wenn Sie glauben, das individuelle «Ich» zu sein, sind Sie von Ihrer Umgebung isoliert, und diese Isoliertheit bringt das Gefühl von Unsicherheit mit sich, ein Gefühl der Angst und Furcht. Dann suchen Sie nach Zielen. Sie machen sich Sorgen, greifen voraus. Das Leben benötigt keine Begründung. Darin liegt seine Schönheit.

Wie kann ich mich zum Leid anderer stellen?
Wenn Sie in die Tiefe schauen, gibt es keinen Unterschied zwischen Ihrem Leid und dem Leid Ihrer Umgebung, weil beide gleicherweise Wahrnehmungsobjekte sind. Mit Hilfe des Körpers nähern Sie sich dem Leid Ihrer Umgebung. Alles Leid weist auf den letztlich Wahrnehmenden hin. Schauen Sie es auf diese Weise an, nicht mit Rechtfertigung oder Verurteilung. Jede Rechtfertigung ist Flucht vor der Wirklichkeit, eine Verweigerung. Nur wenn Sie das Leid wirklich zum Objekt der Wahrnehmung machen und es nicht als jemand anderem angehörend projizieren, befreien Sie sich und zugleich den anderen davon.

Gibt es Zufälle im Leben?
Es gibt keine Zufälle, denn alles, was geschieht, gehört zum Ganzen. Vom persönlichen Standpunkt aus gesehen kann etwas als Zufall oder seltsames Zusammentreffen erscheinen, aber im göttlichen Auge des Unendlichen gibt es nur Gleichzeitigkeit.

In der Ganzheit ist es also unmöglich, von Schicksal oder von Vorbestimmung zu sprechen, nicht wahr?
Es gibt weder Vergangenheit noch Gegenwart noch Zukunft. Die Zukunft ist nichts als projizierte Vergangenheit, und die Gegenwart ist im Moment, wo Sie sie denken, bereits vergangen. Alles geschieht in Ihrer zeitlosen Gegenwärtigkeit. Fatalismus ist eine passive Haltung, in welcher Sie der Situation ausgeliefert, mit ihr identifiziert sind. Doch Sie sind nicht die Situation, der Film. Sie sind das Licht, das ihn durchleuchtet und ihm Leben gibt. Was Sie einen Zufall, Schicksal und so weiter nennen, ist im Film; Sie jedoch, das Licht, sind es nicht.

Was meinen Sie mit «im Film»? Ist das nicht eine Art von Determinismus?
Determinismus ist linear, es gibt jedoch nicht nur eine Schöpfung der Weltgeschichte. Die Welt wird in jedem Augenblick aus allen Möglichkeiten geschaffen. Alle Möglichkeiten sind in Ihnen – warum sich mit einem einzigen Ausdruck identifizieren? Alles Relative findet seinen Sinn allein in Ihrer Ganzheit.

Wenn nur Gleichzeitigkeit ist, geschieht alles in jedem Augenblick. Vergangenheit, Gegenwart und Zukunft begegnen sich in der Gegenwärtigkeit. Nur von der Bewußtheit, von der Ganzheit aus läßt sich der Film in seiner Totalität schauen. Sonst bleiben Sie an Fragmenten haften, an den verschiedenen Bildern, und begeben sich in jedes Einzelbild. Der Inhalt Ihres Lebens ist weit mehr, als Sie wissen. Wenn Klarheit und Unterscheidungsvermögen herrschen, wird Ihre Aufmerksamkeit und Ihre Energie nicht mehr in Bildern ausgelebt und zerstreut werden.

Worauf basiert ein wirklich religiöses Leben?
Sicher nicht darauf, seine Lebensweise zu ändern oder eine neue Formel oder Philosophie anzunehmen, sondern darauf, die äußersten Grenzen des Denkens und Werdens zu entdecken. Wenn die Möglichkeiten des Geistes ausgeschöpft sind, kommt er zu der ihm innewohnenden Ruhe. In dieser Ruhe wird die Wirklichkeit widergespiegelt und als Vorgefühl erfahren. Das Vorgefühl muß sich zu lebendiger Wirklichkeit entfalten, zu dem, was vorgefühlt worden ist. Man könnte dies eine Involution zur Quelle des Vorgefühls nennen. Was wir durch dieses Vorgefühl erkennen, kann aber keine auf Hörensagen basierende Idee sein. Sie müssen vielmehr von der Wirklichkeit ergriffen werden, in der direkten Erfahrung ganz von ihr absorbiert werden. Dies ist nicht nur die Basis eines religiösen Lebens, sondern Basis einer völlig neuen Gesellschaft, einer Menschheit in Schönheit und Liebe.

Freisein von der Idee, jemand zu sein – das ist Erleuchtung

Sich selbst kennen

Die menschliche Form ist ein Mikrokosmos des Universums. Alles was scheinbar außerhalb von uns existiert, existiert in Wirklichkeit in uns. Die Welt ist in Ihnen, und in Ihnen kann sie als Sie selbst erkannt werden. Aber was ist dieses «Sie»?

Als ein mit allen Lebewesen verbundenes menschliches Wesen müssen wir zunächst mit uns selbst in Beziehung gelangen. Wir können die anderen nicht verstehen, lieben und willkommen heißen, ohne zuerst uns selbst kennen- und liebengelernt zu haben. Gewöhnlich verbringen wir allerdings unser ganzes Leben damit, uns in äußere Erscheinungen zu verlieren, ohne jemals Ausschau zu halten nach dem, was uns am allernächsten ist. Wir widmen der gründlichen Lektüre unseres eigenen Buches keine Zeit: unserem Reagieren, Widerstreben, unseren Spannungen, Gemütsverfassungen, unserem physischen Streß und so weiter. Diese Lektüre erfordert weder ein System noch eine speziell dafür reservierte Zeit der Introspektion. Sie brauchen sich einfach nur im Alltag selbst ins Antlitz zu schauen – ohne sich wie gewohnt mit einem individuellen Bezugszentrum zu identifizieren, mit der «Ich-Vorstellung», einer Persönlichkeit, einem Verfechter von Ansichten.

Um uns selbst auf wissenschaftliche Weise gegenüberzustehen, müssen wir die Tatsachen genau so annehmen, wie sie sind, ohne Bejahung, ohne Verneinen, ohne Schlußfolgerung. Dies geschieht nicht durch ein mentales Annehmen von Ideen, sondern auf absolut praktische, zweckmäßige Weise. Dazu ist nur Wachheit erforderlich, eine zweipolige Aufmerksamkeit. Wir sehen die Situation, und zugleich lauschen wir auf das Echo, welches sie in unserem Denken und Fühlen hervorruft. In anderen Worten ausgedrückt. Die Faktizität einer Situation muß unsere eigenen Reaktionen mit einschließen. Wir bleiben beim wissenschaftlichen Vorgehen und beobachten unser psychologisches, geistiges und physisches Feld und unsere Vitalität ohne Bewertung, Auslegung oder Berechnung mehrmals täglich. Dabei wird kein Ziel verfolgt, das «Ich» mischt sich nicht störend ein, kein Wunsch nach Wandlung, Wachsen oder Werden taucht auf. Funktionelles Annehmen ist nicht moralisch. Wir brauchen uns auch nicht um einen neuen Lebensstil zu bemühen, welcher unweigerlich zu einem System werden würde, das nicht besser ist als alle anderen Systeme. Wenn die Aufmerksamkeit zweipolig ist, beobachten wir zuerst die sogenannte äußere Welt, wobei wir allerdings die inneren Regungen besonders beachten. Diese Regungen – Vorlieben und Abneigungen – werden dabei zum Objekt der Erforschung. Dadurch werden wir vertrauter mit uns selbst, werden unserer Handlungsweise im Alltag von Augenblick zu Augenblick gewahr. Aus dieser forschenden Haltung ergibt sich automatisch das wirkliche Lau-

Sich selbst kennen

schen, und in diesem Lauschen ist Offenheit, Aufnahmebereitschaft. Diese Erforschung führt nie zur Festlegung auf ein zu erreichendes Ziel. Sie bleibt ein Willkommenheißen, ein Annehmen, welches jedem Augenblick Ursprünglichkeit und Leben schenkt.

Diverse Therapien raten uns, uns selbst anzunehmen; dieses psychologische Akzeptieren auf dem Weg über verschiedene Arten der Analyse bezieht sich jedoch immer auf ein individuelles Zentrum. Solange die Idee der Individualität Bestand hat, gibt es in diesem Annehmen immer ein verborgenes Motiv. Es handelt sich nicht um ein unbedingtes Annehmen, sondern gründet auf einem Ideal oder auf einem Vergleich und trägt unweigerlich ein Element der Resignation in sich. Die Psychologie postuliert die Existenz eines Ego, und es geht ihr darum, die «Ich-Empfindung» angenehmer, stärker oder besser integriert werden zu lassen. Unser Leben auf angenehmere Weise zu gestalten ist bereits etwas, doch wird uns dies nie helfen, über das Bekannte hinauszugelangen. Solche Verfahren halten unsere Aufmerksamkeit auf ein Objekt gerichtet, wie subtil dieses auch immer sein mag. Im funktionellen Akzeptieren liegt die Betonung nicht auf dem, was angenommen wird, sondern auf dem Annehmen selbst.

Es gilt nicht, Ihrem jetzigen Leben etwas hinzuzufügen oder wegzunehmen. Es bedarf nur der Wachsamkeit, um Denkgewohnheiten zu sehen und festzustellen, wie sehr sie uns verengen. Wenn wir sehen, daß praktisch unser ganzes Leben mechanische Wiederholung ist, verlassen wir dieses Schema automatisch und gehen zum Beobachten über. Jeder Versuch, uns *ändern* zu wollen, wurzelt in einer Deutung, welche die Existenz eines Deuters notwendig macht. Wenn jedoch kein Deuter anwesend ist, kein individuelles Bezugszentrum, liegt der Akzent spontan auf dem Wahrnehmen selbst. Es ist wesentlich, zu begreifen, daß solches Beobachten ohne Agenten weder eine Haltung noch ein Zustand ist. Das Objekt interessiert uns dabei nicht. Die Beobachtung hat ihre eigene Würze und benötigt keinen Zusatz. Diese Offenheit, dieses Willkommenheißen ist unser natürliches Sein.

Um mit sich selbst und mit der Umwelt in wahren Kontakt zu kommen, muß *jede* psychologische Einmischung aufhören. Es ist der Beobachter, der in fortwährendem Projizieren seines erworbenen Wissens und Wünschens das Beobachtete als Objekt aufrechterhält und dabei jede echte Kommunikation – Liebe – vereitelt. Mit dem Verschwinden der Gewohnheit, jemand zu sein, der etwas tut, bleibt allein nackte Aufmerksamkeit – und in ihrem Licht wird der Vorgang des Projizierens offenbar. Der Geist findet dann die ihm eigene Empfindsamkeit und Flexibilität wieder, und gleichzeitig fühlen wir uns unserer Umgebung gegenüber frei. Im offenen Erforschen, indem Sie sich selbst auf wissenschaftliche Weise annehmen, werden Sie sich eines Tages total autonom, erfüllt und aller Merkmale und Eigenschaften ledig finden.

Ich verstehe nicht ganz, was Sie mit der Unterscheidung zwischen psychologischem und funktionellem Annehmen meinen?
Im psychologischen Annehmen ist noch jemand da, der akzeptiert. Da gibt es einen Standpunkt, eine Wahl, oder ein Motiv und ein Ziel. Folglich leisten Sie noch

Vorschub, haben Sie noch Erwartungen dem gegenüber, was Sie angeblich annehmen. Diese Erwartung bindet Sie ans Objekt, an die Wut, die Ängstlichkeit, die Eifersucht, den Dämon, den Helden, die Göttin ... und funktionell bleiben Sie ihm gegenüber passiv. Sie unterwerfen sich ihm. Sie sagen «Ich bin dies» und unternehmen den Versuch, dies willkommen zu heißen. Das psychologische Annehmen ist eine Art subtiles Opfer.

Das funktionelle Annehmen ist eine total affektlose Haltung, weil sie von Anfang an Ich-frei, das heißt von mentalen Einmischungen frei ist. Sie ist von Grund auf aktiv – darunter verstehe ich, daß im Notiznehmen totale Wachheit herrscht. Dabei unterwerfen Sie sich dem Objekt nicht, sondern heißen es ohne jegliche Analyse willkommen. In anderen Worten: Sie treten unmittelbar aus dem Werdeprozeß heraus und in die Offenheit selbst.

Ist diese Offenheit der Subjekt-Aspekt?
Pädagogisch ausgedrückt könnte man sagen, der Akzent verlagere sich vom Objekt zum sogenannten Subjekt, dem Wahrnehmen selbst. Die große Gefahr dabei besteht allerdings darin, das Subjekt so sehr zu betonen, daß es zu einem Objekt, einer Art Substanz wird. Dann nehmen Sie eine Einstellung an und befinden sich wieder im Werden. Wahres Annehmen ist eine aller Objektivierung ledige Offenheit.

Das ist also so ähnlich wie bei dem Gefängnisinsassen, der jahraus, jahrein an den Gitterstäben vor seinem Fenster feilt. Während es immer weniger Stäbe werden, nimmt seine Hoff-

nung zu, und sein Traum von Freiheit wächst. In der Tat ist er aber, solange ein einziger Stab bleibt, nicht weniger gefangen als zuvor – die Freiheit bleibt eine Idee.
Offenheit ist Wachsamkeit ohne jegliche Erwartung. Das Beobachten muß sich ganz an die Tatsachen halten.

Besteht nicht die Gefahr des Verdrängens, wenn ich nicht auf die Aspekte des Ego achte?
Die Beobachtung ist nicht auf das Objekt gerichtet; das Objekt taucht *in* der Beobachtung auf. Wenn Sie die verschiedenen Aspekte des Körper-Geistes in Ihrer multidimensionalen Aufmerksamkeit aufsteigen lassen, tauchen sie auf wie die Nebel im Tal und werden von der Wärme der Sonne aufgelöst. Es bleibt nichts übrig, was zu verdrängen wäre, und da ist niemand, der verdrängt. Dies ist eine völlig neue Lebensweise. Wenn Sie in der Offenheit leben, erscheint und erlischt alles in ihr.

Sie haben gesagt, nicht das Forschungsobjekt, sondern die Natur des Forschens selbst sei das Interessante. Manchmal habe ich Momente von Niedergeschlagenheit, denn ich forsche seit zwanzig Jahren, ohne dadurch zur absoluten Überzeugung gelangt zu sein, daß es nichts zu erforschen gibt.
Sie müssen mit dem Erforschen so lange fortfahren, wie die Erforschung für Sie notwendig ist. Wenn Sie jedoch erst einmal das Objekt der Erforschung betonen, das Anekdotische, dann mag Ihr Forschen kein Ende haben. Die Welt ist unendlich vielfältig, und es besteht die Gefahr, daß Sie immer mehr vom Objekt eingenommen werden. Māyā kann sehr subtil und irreführend sein, sie kann Sie mit wunderbaren Zuständen und

Eingebungen locken, doch damit verbleiben Sie immer in der Welt der Dualität, in welcher Sie das wahre Wesen des Daseins niemals schauen können. Wenn Sie also das erforschen, was Sie nicht sind, ohne den direkten Hintergrund dessen, was Sie sind, begeben Sie sich auf einen Weg, der mehr Jahre beanspruchen kann, als Ihnen in Ihrem Leben zur Verfügung stehen. Wenn die Betonung aber auf der Offenheit selbst liegt, wird das Objekt transparent, und seine Transparenz verweist direkt auf Ihre nicht-objektive Offenheit. Sie werden dann rasch begreifen, daß genau dies das wahre Wesen des Objektes, der ganzen Existenz, ist; und nun werden Sie sich in diesem Willkommenheißen selbst finden und nicht mehr in einem vermeintlich konkreten Objekt.

Es ist unnötig, alle Facetten des «Ich» zu kennen, die Kenntnis seines Wesens allein genügt. Wenn Sie in eine faule Frucht beißen, wissen Sie augenblicklich, daß sie faul ist, und brauchen nicht die ganze Frucht zu essen, um dessen gewiß zu sein. Wenn Sie allein dem Bekannten nachgehen, werden Sie nichts Neues finden. Die Wüstenväter sagten: «Kenne dich selbst, und vergiß dich.»

Wie kann ich direkt aus der Ganzheit willkommen heißen, ohne vorher zu wissen, worum es sich handelt?
Sobald Ihr Mentales sich nicht mehr einmischt, sind Sie frei vom Ego. Es ist nicht nötig, ans Ego zu denken. Im Willkommenheißen sind Sie bereits in der Totalität. Akzeptieren Sie dieses Wissen aus zweiter Hand, und beweisen Sie es sich dann aus eigener Erfahrung.

Aus zweiter Hand akzeptieren ist dasselbe wie daran glauben, nicht wahr?
Ja, aber Sie müssen entdecken, was Glaube ist. Glaube ist nicht Gutgläubigkeit. Indem Sie akzeptieren, daß Sie Bewußtsein sind, öffnen Sie sich einer neuen Dimension. Es ist wichtig, seinen Glauben in die Wahrheit zu setzen. Wenn das, was Sie akzeptieren, wesentlich ist, werden Sie zum lebendigen Beweis geführt werden. Glaube muß informiert und nicht blind sein. Glaube ist nicht jenseits dessen, was Sie erkennen können. Er bedeutet zu wissen, wie man sich den Tatsachen stellt – nämlich indem man Streben und Wollen aufgibt. Er hat nichts mit Abhängigkeit zu tun, sondern er führt Sie in eine stetig wachsende Autonomie.

Wenn das Ego unwirklich, also weder autonom noch dauerhaft ist, was funktioniert denn da im Alltag?
Das «Ich» ist nichts Konkretes, hat weder Substanz noch Kontinuität. Es ist nichts als ein Bündel von Gedanken, die vom Gedächtnis zusammengehalten werden. Die Person erscheint nur dann, wenn Sie an sie denken. Wenn der Körper frühmorgens erwacht, ist das Gewahrsein schon da. Vielleicht haben Sie dies nicht bemerkt, es ist jedoch so. Dieses Gewahrsein ist weder Gedanke noch Subjekt, noch eine Empfindung. Es läßt sich nicht konkretisieren. Einige Augenblicke nach dem Aufwachen wird das Gewahrsein aus Gewohnheit mit einem Körper und einer Persönlichkeit in Beziehung gebracht. Dann sagen Sie: «Ich bin dieses und jenes.»

Wir können dieses objektlose Gewahrsein, reines Bewußtsein, höchstes Subjekt oder unbedingtes Ich nennen. Dieses unbedingte Ich ist die Wachheit, welche alle Parasiten des «dieses» und «jenes» aufnimmt. Der Gedanke, eine bestimmte Person zu sein, beschränkt die dem Körper-Geist innewohnende Intelligenz. Wenn Sie ganz einfach wachsam sind und sich von der Überzeugung, eine Persönlichkeit zu sein, gelöst haben, können alle Ihre Fähigkeiten ins Spiel kommen, sobald eine Situation es verlangt. Da ist nur Handeln – kein Handelnder, der handelt. Sie agieren dann viel einfallsreicher, umfassender und wirksamer, mit Ihrer ganzen Intelligenz und allen Ihren Talenten.

Welchen Ursprung hat das Ego?
Das Ego, das Selbstbewußtsein als Individuum, ist bloß eine Vorstellung unter vielen anderen. Es wurde durch Eltern, Erziehung und durch die Gesellschaft geschaffen und kristallisiert sich zu einem Komplex von Bezugsgrößen und Erfahrungen. Es gibt nicht ein einzelnes, beschreibbares Ego. Es gibt vielmehr zwei, drei, Tausende von «Ichs». Sie können eine andere Konstellation von Charakteristika aufweisen als Ihr Nachbar, aber diese Ansammlung von Eigenschaften sind nicht Sie. Jedes «Ich» entspricht einer bestimmten Situation; weil aber das Gedächtnis das «Ich» – lange nachdem die Situation vorüber ist – aufrechterhält, stehen die verschiedenen «Ichs» in dieser Ansammlung, die wir Persönlichkeit nennen, oft im Widerstreit. Das Aggregat der im Gedächtnis gespeicherten «Ichs» läßt sich nicht umgrenzen. Wenn Sie feststellen, daß es nur ein wahrnehmbares Objekt wie jedes andere ist, werden Sie entdecken, daß es nicht dauerhaft ist. Die Idee eines in einem psychischen Zentrum ansässigen Ego ist nur eine

Annahme. Was bleibt übrig, wenn Sie einmal von allen Charakteristika, allem Phänomenalen absehen? Kein Ding (engl. *no-thing*), nur Sein, Stille, Gegenwärtigkeit. Wozu also ein Leben lang das Reich des illusionären Ego und seiner Projektionen erforschen? Warum nicht direkt zu dem kommen, was wir sind?

Sie verwenden manchmal die Ausdrücke «unbewußt», «unterbewußt» und «Archtetypen». Was bedeuten diese für Sie?
Unbewußtes und Unterbewußtes gehören noch der Existenz an. Wir können Teile der Existenz nicht von deren Totalität trennen. Alles, was existiert, gehört zur Existenz. Archetypen sind unartikulierte Existenz, den Ozeantiefen ähnlich. Sie sind Wurzel-Ursachen – wie Teiche, Bäche und Flüsse gehören auch Ozeane dem Element an, das wir Wasser nennen. Die Wurzeln der Existenz zu sehen kann hilfreich sein, doch unser wahres Leben ist der Boden, in welchem diese Wurzeln wachsen.

Wenn das Objekt sich in Ihnen entfaltet und Sie nicht mehr in der Stadt des Gedächtnisses leben, sind Sie offen für das kosmische Gedächtnis, die All-Möglichkeit, und das kollektive Gedächtnis kann aufkommen. Die Archetypen, die Wurzel-Symbole, bleiben, und Sie werden ihnen gegenüber sensibler. Sie empfinden sie als eine ursprüngliche Macht, als kondensierte Ausdrucksformen des Lebens. Wenn das Wasser klar ist, kann man bis zu den bewegungslosen Gegenständen auf dem Grund hinabsehen.

Was sind Träume?
Manchmal steigt im Traum auf, was wir während des

Tages nicht erledigt haben. Es handelt sich um eine Ausscheidung, die wie die Wahrnehmungen im Wachzustand in mehr oder weniger fließendem Ablauf auftritt. Es gibt jedoch spontane Erscheinungen, die auch als «Eingebungen» bezeichnet werden und die sich nicht durch die normalen Funktionen des Gehirns vermitteln. Sie tauchen in Gleichzeitigkeit im Intervall zwischen Tiefschlaf und dem Erwachen auf. Sie könnten darin Ihren ganzen Lebensablauf aufblitzen sehen. Sie mögen Elemente aus der Komposition der Ganzheit enthalten, welche Sie später – im Wachzustand – Zukunft nennen.

Können wir Träume deuten?
Es ist sehr gefährlich, diese Träume aus der Sicht des Wachzustandes zu deuten. Interessanter wäre es zu beobachten, wie Sie sich beim Erwachen fühlen, und mit dem Echo des Traumes zu leben, ohne dabei die verschiedenen Elemente zu objektivieren. In solchen Eingebungen träumt der Kosmos in Ihnen.

Traum- und Wachzustand sind mehr oder weniger dasselbe. Während Sie träumen, ist die geträumte Geschichte für Sie Wirklichkeit. Erst später nennen Sie sie einen Traum. Was beweist Ihnen, daß Sie eben in diesem Augenblick nicht träumen?

Es gibt aber immer noch ein Wirken, auch wenn man nicht mehr mit der Persönlichkeit identifiziert ist; die Persönlichkeit muß also in einem gewissen Sinn noch vorhanden sein.
Wenn Sie von einer Vorstellung von sich selbst frei sind, bleibt nur noch Gewahrsein, von keiner Unruhe berührte Stille, Lauschen von Augenblick zu Augen-

blick. Wo wäre da Raum für eine Vorstellung, ein Subjekt und ein Objekt, jemanden, der etwas wüßte? In dieser Offenheit spielt sich das Wirken in unserem Gewahrsein ab, aber da ist kein «Ich» in diesem Wirken.

Hat aber dieser Körper, der weiterhin funktioniert, nicht doch noch Neigungen?
Der Körper sorgt dann für sich selbst, er braucht keinen Aufsichtsbeamten. Was Sie die Persönlichkeit nennen, ist eine verhärtete Anhäufung gefühlsbetonter Vorstellungen. Die wahre Persönlichkeit steigt nur dann in Ihrer Stille auf, wenn Sie sie benötigen, und löst sich wieder auf, sobald die Lage ihre Anwesenheit nicht mehr erfordert. Sie ist fließend, ohne Peripherie, sie ist multi-dimensional, ohne jegliche psychologische Einmischung. Wenn Sie aufgerufen sind, eine Mutter, ein Vater, ein Liebhaber, ein Lehrer, ein Student, ein Kämpfer zu sein, spielen Sie diese Rollen vorübergehend, geben ihnen aber keinen Bestand als Zustände, mit welchen Sie sich identifizieren. Das ist dann Liebe, da ist Wohlwollen ohne Gefühlsduselei.

Es ist sehr interessant und schön, mit Ihrer Umgebung auf eine Weise zu leben, die keine Wiederholung kennt. Der Mann, die Frau, das Kind, mit denen Sie leben, sind immer neu, weil *Sie* immer neu sind. Und weil Sie keine Vorstellungen mehr auf Ihren Partner projizieren, empfindet er sich in Ihrer Freiheit ebenfalls frei.

Sie haben vorhin die Fähigkeiten erwähnt, die ins Spiel kommen können, wenn das «Ich», die Person, abwesend ist. Sind diese Fähigkeiten angeboren oder erworben, oder woher kommen sie sonst?

Echte Persönlichkeit ist nicht persönlich. Diese Trans-Persönlichkeit, wenn man sie so nennen darf, bedient sich universaler Intelligenz und Empfindsamkeit. Vererbung und Gelerntes machen einen sehr kleinen Teil unserer gesamten Fähigkeiten aus. Angemessenes Handeln gehört der augenblicklichen Situation an; die Trans-Persönlichkeit ist offen für alle Möglichkeiten.

Weshalb ist der Drang, das unbedingte Gewahrsein an ein «Ich» zu binden, so mächtig?
Die Vorstellung eines «Ich» ist Millionen Jahre alt. Sie kommt aus dem Bestreben, sich von den anderen Wesen zu unterscheiden, sich als unabhängige Wesenheit zu fühlen. Sobald Sie sich für ein gesondertes Individuum halten, können Sie nur noch mit Dingen, mit dem Wahrgenommenen in Beziehung sein. Das Ego braucht Situationen zum Überleben, und wenn sich nichts ereignet, fühlt es sich unsicher und bemüht sich, neue Situationen zu schaffen. Deshalb können Sie die Augenblicke der Stille zwischen zwei Gedanken, zwei Handlungen nicht bewußt erleben – Sie befinden sich in einem psychologischen Überlebenskampf. Lernen Sie sich kennen, wie Sie vor dem Erwachen des Körpers sind! Kennen Sie sich, wie Sie sind, bevor Sie geboren werden.

Wie kann ich mich von dieser Beschränkung, von dem Gefühl, ein individuelles Wesen zu sein, befreien?
Zuallererst heißen Sie alles, was Sie zu sein glauben, willkommen. Wenn Sie alles völlig annehmen, was Sie für sich selbst halten, finden Sie sich plötzlich in Offenheit, und Sie sehen, daß diese – und nicht Ihre Vorstel-

Sich selbst kennen

lungen über Ihren Charakter und so weiter – Ihr wahres Wesen ist. In der Offenheit sind Sie gewahr, daß all Ihr Denken, alles was erscheint, nicht Sie ist. Wenn Sie den Körper, die Sinneswahrnehmungen und das Denken ganz annehmen und dabei feststellen, daß alle nur in Ihnen erscheinende Wahrnehmungsobjekte sind, werden Sie hinter Ihren Ansichten eine neue Dimension entdecken. Sie werden von dieser neuen Dimension aufgesogen werden und dabei sehen, daß das, was Sie zu sein glaubten, nur ein Ausdruck von dem ist, was Sie sind. Dann leben Sie völlig integriert, wissend in Ihrer Totalität. Dieses Kennenlernen, was Sie nicht sind, ist ein organisches Reifen, welches jedoch in einem einzigen Augenblick geschehen kann. Darin liegt große Schönheit.

Was meinen Sie mit «ein organisches Reifen, das in einem einzigen Augenblick geschehen kann»?
Dieses Reifen ist nicht im Sinne des Werdens zeitgebunden. Es kann in der Zeit, die zur Bildung eines Gedankens notwendig ist, geschehen. Wenn Sie erkennen, was Sie *nicht* sind, zeigt sich spontan, was Sie sind – und das ist kein Gedanke.

Wie wichtig ist organisches Reifen?
Manchmal kann es geschehen, daß Ihr natürliches Sein sich zeigt, Sie jedoch sogleich einen Zustand daraus machen. Sie objektivieren es. In diesem Aufscheinen sind Sie eins, und Ihr Körper, Ihr Fühlen und Denken sind durch und durch davon erschüttert. Wenn Sie jedoch die notwendige Reife und intellektuelles Verständnis dafür haben und für das Unbekannte, für eine Überra-

schung ganz offen sind, verschwindet Ihr Erstaunen im grundlosen Sein. Andernfalls mögen Sie von dem Neuen so eingenommen sein, daß Sie am Objekt haften bleiben.

Das Leben ist ein Labor. Werden Sie mit sich selbst immer vertrauter. Das Lauschen ist Liebe. Wenn Sie dieses Willkommenheißen aufrechterhalten, wird es Sie an sich ziehen, und die Betonung liegt dann nicht mehr auf der Wahrnehmung, sondern auf dem Willkommenheißen selbst.

Wie kann ich dieses Willkommenheißen aufrechterhalten, ohne mich in einem gewissen Grade darauf zu konzentrieren?
Aufrechterhalten ohne Konzentration geschieht spontan, wenn es keinen Agenten gibt, niemanden, der aufrechterhält. In Abwesenheit eines am Objekt interessierten Direktors liegt die Betonung auf dem Schauen, dem Annehmen selbst, und das Objekt wird freigelassen. Anders ausgedrückt: Im Moment des Notiznehmens gibt es *nur* das Notiznehmen und – nichts, wovon Notiz zu nehmen wäre. Tatsächlich ist das Objekt nichts als verfestigte Energie, und die Befreiung der Energie geschieht ganz plötzlich, unerwartet. In einem solchen Loslassen wird alle Energie neu orchestriert und in ihren ursprünglichen Zustand ungerichteter Bewegung zurückgeführt.

Sie sagen, die Befreiung des Objekts finde unerwartet statt. Können Sie mehr darüber sagen?
In dem, was wir gewöhnlich «Gefühl» oder «Sinneswahrnehmung» nennen, gibt es verschiedene Schichten. Wenn das Schauen ohne Schlußfolgerung stetig

wird, kann sich die Wahrnehmung entfalten, und die tiefsten Schichten können, von Spannung befreit, an die Oberfläche kommen. Dieses Entfalten kann nicht willentlich herbeigeführt werden. Das Willkommenheißen ist der Magnet, der es anzieht. Zu der vollen Entfaltung kommt es, wenn Sie zunehmend dem Willkommenheißen und immer weniger der Sinneswahrnehmung, dem Objekt lauschen. Schließlich fühlen Sie eine plötzliche Verlagerung, in welcher sich die Überreste der Betonung des Objekts im Schauen, in Wachheit, in Offenheit verlieren. Es ist eine Art Implosion, in der das sogenannte Objekt vom Gewahrsein aufgesogen wird.

Welchen Ursprung hat das Nicht-Wissen um unser wahres Wesen?
Einfaches Vergessen. Wenn ein Kind sich zur Weihnachtszeit in einem Spielwarengeschäft aufhält, ist es so sehr von den Spielsachen absorbiert, daß es darüber seine Mutter vergißt; doch nach einer gewissen Zeit erinnert es sich wieder an sie. Die objektive Welt ist sehr anziehend, und solange Sie nicht an der Wirklichkeit interessiert sind, verbirgt sie sich hinter Name und Form. Was bleibt übrig, wenn Sie Name und Form wegnehmen? Die *Upanischaden* nennen das Göttliche «scheu wie eine Gazelle», und natürlich ist «das Tao, das benannt werden kann, nicht das Tao».

Weshalb ist es so schwierig, unser inneres Sein zu verwirklichen?
Es gibt nichts zu verwirklichen. Wenn Sie an Verwirklichung denken, projizieren Sie die Nicht-Verwirkli-

chung. Wenn Sie «schwierig» sagen, projizieren Sie dessen Gegenteil «leicht». Es gibt kein Ziel, keine Verinnerlichung. Nur weil Sie Gedanken, Gefühle und Wahrnehmungen als in Ihnen stattfindend ansehen, identifizieren Sie sich mit ihnen. Sie müssen zum Verständnis gelangen, daß der Körper – genauso wie ein Baum – ein Wahrnehmungsobjekt ist. Dann gibt es weder innen noch außen, und keine Neigung zum Identifizieren. Im natürlichen Zustand gibt es kein «innen» oder «außen». Das sind alles Vorstellungen. Seien Sie einfach allen Wahrnehmungen gegenüber offen. Dinge erscheinen in dieser Offenheit, verweisen auf diese Offenheit und erlöschen in der Offenheit. Da gibt es weder Fassenwollen noch Identifizieren, nur Geschehen. Alles, was erscheint, verweist auf Ihr wahres Wesen.

Denken und Sprache sind dualistisch, das stimmt. Sie müssen jedoch lernen, sich ihrer richtig zu bedienen, damit sie Klarheit vermitteln können.

Wie kommt es, daß wir uns andauernd mit Vorstellungen identifizieren?
Lassen Sie das Warum. Das Warum ist eine Ausflucht. Sehen Sie das Muster! Das Warum bringt keine Lösung. Fragen wie «Warum existiert die Welt?» «Warum existiere ich?» können niemals beantwortet werden. Wenn das Warum ein Ende findet, treten Sie aus dem Bannkreis des Gedächtnisses heraus.

Mit Ihrer Frage lebend, sind Sie ohne Erwartung. Solches Leben ist multidimensional. Es ist einfaches Lauschen ohne Ziel. In diesem absichtslosen Beobachten kann sich die Frage entfalten, und Sie finden sich in einer neuen Dimension wieder.

Warum sträube ich mich gegen die Freiheit?
Wer sträubt sich? Schauen Sie sich den Mechanismus an. Solange Sie in Zuneigung/Abneigung, in der Schmerz/Lust-Struktur leben, werden Sie auf Widerstand stoßen. Zur höchsten Zufriedenheit kommt es, wenn der Wahrnehmende alles Wollen aufgibt. Wenn die Aufmerksamkeit ihre ergreifenwollende Eigenschaft verliert, wird das Wahrgenommene freigesetzt und löst sich im Wahrnehmenden auf. Aber der Wahrnehmende muß zuerst frei sein von allem Wollen, damit das Wahrgenommene befreit werden kann. In der Kashmiri-Tradition ist der Wahrnehmende *Shiva*, und das Wahrgenommene ist *Parvati* oder *Shakta* und *Shakti*. Wenn bei Shakta noch Rückstände von Willen vorhanden sind und Shakti noch nicht ganz freigelassen ist, durchschreiten Sie den Moment, der mit der «*Nacht der Seele*» des hl. Johannes vom Kreuz verglichen werden könnte: Sie sind nicht mehr am Objekt interessiert, dieses hat sich aber noch nicht völlig entfaltet. Die Energie fließt noch nicht frei. Dies stellt eine schreckliche Periode dar, da der Wille seine Dynamik, die Welt ihren Anreiz verloren haben, die Energie aber noch nicht völlig integriert ist. Es ist wichtig zu sehen, daß der Widerstand nichts als eine Idee ist. Die Vorstellung, jemand zu sein, ist sehr tief verwurzelt. Sie ist es, die widerstrebt.

Was bewegt uns zur Suche?
Das Verlangen, sich selbst zu finden. Ihr wahres Wesen zieht Sie an, auch wenn Sie nicht darum wissen.

Woher kommt dieses brennende Verlangen, das uns dazu drängt, mit der Selbsterforschung fortzufahren?
Wenn Sie Ihre Mechanismen durchschauen, quillt die befreite Energie hervor, und daraus resultiert, daß Sie die Dinge noch klarer sehen und in dieser Klarheit leben. Eine Zeit wird kommen, wo Sie das Gefühl haben, daß all die auf der Suche nach Freiheit, Frieden und Glück eingeschlagenen Richtungen Sie enttäuscht haben. Dann wird die Rastlosigkeit des Strebens zum Stillstand kommen und einem Vorgefühl Ihres wahren Wesens weichen. Das Vorgefühl kommt direkt aus dem, was vorgefühlt wird.

Durch dieses Vorgefühl werden Sie spontan orientiert. Alle Energie, die Sie bisher in Ihre äußere Suche auf verschiedenen Pfaden investiert haben, wird neu orchestriert. Sicher erfordert dies eine gewisse Reife, aber Selbsterforschung mit ganzem Einsatz führt zu dieser Reife. Sie zeigt sich, wenn Sie das Leben befragen und – ohne Ausdeutung und Schlußfolgerung – mit der Frage leben. Im gegebenen Moment löst sich die Frage in der Antwort, aus welcher sie gekommen ist, auf. In der Frage ist schon das Vorgefühl der Antwort enthalten.

Ich stelle fest, daß in meinem Leben eine gewisse Bequemlichkeit herrscht, und wenn auch unzweifelhaft ein Ruf zur Selbsterforschung besteht, folge ich ihm doch nicht wirklich ernsthaft. Was kann ich tun?
Es liegt Wiederholung in Ihrer Art zu schauen. Wo Wiederholung ist, herrschen auch Langeweile und Bequemlichkeit. Sie müssen forschen. Erforschen bedeutet, daß das bereits Bekannte zum Stillstand kommen muß. Schauen Sie das Leben mit der Frische eines Kin-

des an! Werden Sie mit dem Lauschen auf sich selbst und auf Ihre Umgebung vertraut! Sie sollten sich brennend für Ihre eigene Geschichte interessieren. Beobachten Sie Ihre eigene Reaktion; jedesmal, wenn Sie Ihre Reaktion derart anschauen, hören Sie auf, gemeinsame Sache mit ihr zu machen, und sie löst sich mangels Brennstoff auf. Wenn Sie sagen: «Ich kenne diese Person, dieses Gedicht, dieses Gemälde», dann ist das, was Sie kennen, nur eine ganz bestimmte Reaktion darauf. Wenn Sie aber frei von jeglicher Reaktion leben, finden Sie sich in einer neuen Dimension, in der alles ständig wieder interessant ist. Sie müssen im Leben eine Wahl treffen, und diese sollte lauten: in Schönheit leben. Werden Sie also mit dem Schönen vertrauter!

Es fällt mir schwer, der Absichtlichkeit zu entkommen – der Absicht, mich zu entspannen, in Klarheit und Frieden zu sein. Könnten Sie mehr über die absichtslose Beobachtung sprechen?
Wahre Beobachtung ist völlig unverstellt von Idealen und Ideen. Absichtsfrei sein bedeutet, richtungsfrei sein; es heißt, multidimensional zu sein. Es hat nichts mit einer Konzentration zu tun, die auf ein Ergebnis ausgerichtet ist. Im wahren Beobachten funktionieren Sie wie ein Wissenschaftler, der ohne psychologische Einmischung Notiz nimmt. Der Wissenschaftler ist als Person völlig abwesend, und in dieser Leere wirkt die reine Aufmerksamkeit wie ein Magnet, welcher die Beobachtungen A, B und C zu einem gewissen Zeitpunkt anzieht wie Metallteilchen. Gleicherweise werden Sie zu einem plötzlichen Gewahrwerden kommen, wenn Sie ohne Analyse und Kritik einfach Notiz nehmen. Anfänglich werden Sie es anläßlich einer Reaktion füh-

len, dann bereits vor dem Reagieren und später im Moment des zur Reaktion führenden Impulses. Schließlich wird eine Zeit kommen, wo Sie sogar von dem Impuls zu reagieren frei sein werden.

Achten Sie sorgfältig darauf, daß die Beobachtung rein funktional bleibt. Oft besteht der Reflex, eine losgelöste Haltung einzunehmen. Diese psychologische Distanz hat nichts mit der Haltung eines Zeugen zu tun. Sehr oft wenn wir glauben, eine Situation klar zu erkennen, erfinden wir nur eine psychologische Objektivität. Solches «Auf-Distanz-Gehen» ist ein Werk des Selbstbildes und daher auch bloß Reaktion. Die reaktionsfreie Beobachtung kann niemals Gedanke, eine erlernbare Haltung sein. Sie hat mit dem analytischen Prozeß nichts zu tun. Sie führt durch einen völlig neuen Kanal, und die Schlußfolgerung ist augenblicklich.

Wie können wir unterscheiden zwischen dem noch mentalen Beobachten und der von allen Gedanken befreiten Beobachtung, von der Sie sprechen?
Sie wollen vielleicht sagen: «Ich weiß, daß ich nicht der Körper, die Sinneswahrnehmungen oder der Geist bin.» Das können Sie jedoch erst dann wirklich sagen, wenn Sie klar erkannt haben, was das ist, was Sie nicht sind. Wenn Sie mehr und mehr auf Ihren Körper-Geist lauschen, erhebt sich eine Empfindung von Distanz, die nichts mit einer psychologischen Distanzierung zu tun hat. In diesem Raum kann das Vorgefühl Ihrer Autonomie, Ihres Gewahrseins aufkommen. Wenn Sie Ihre psychosomatische Struktur zum Objekt der Beobachtung machen, ergibt sich zuerst eine räumliche Beziehung zwischen dem Beobachter und dem Beobachte-

ten. Der Augenblick wird jedoch kommen, wo das Beobachtungsobjekt, Ihre psychosomatische Struktur, nicht mehr betont wird und der Akzent auf dem Lauschen selbst liegt. Dann begreifen Sie, daß Sie nicht der Körper sind, sondern daß der Körper – das Objekt – in Ihnen lebt, in Ihrem Gewahrsein. Das ist gemeint, wenn man sagt, daß das Beobachtete sich im Beobachter, der Beobachter sich jedoch nicht im Beobachteten findet, daß die Schöpfung in Gott, Gott aber nicht in der Schöpfung ist. Beim Ansehen eines Gegenstandes sollten Sie sich umwenden und nach der Quelle des Blickens schauen. Seien Sie dessen gewahr, daß Sie das Licht aller Wahrnehmung sind.

Ist diese Quelle, nach welcher man den Blick wendet, das höchste Subjekt, unser wahres Wesen?
Vorsicht! Das Subjekt, das man sehen kann, ist nicht Ihr Urgrund. Was manchmal als «höchstes Subjekt» bezeichnet wird, ist nichts anderes als Stille, Shūnyatā, das Leersein von bildhaften Vorstellungen. Dies ist Bewußtsein, das Licht hinter allen Wahrnehmungen. Das Subjekt, worüber man spricht, ist noch in der Dualität, in der Subjekt-Objekt-Beziehung.

Ist diese Freiheit dauerhaft?
Ja, sie ist durchgehend. Sie besteht in den alltäglichen Verrichtungen weiter. Sie machen Ihre Arbeit und sind Gegenwärtigkeit. Dieses Durchgehende ist kein Objekt der Wahrnehmung, weil das Bewußtsein ungeteilt ist. Es ist auch kein Zustand, es ist der ewige Quell, aus dem Wachzustand, Traum und Schlaf hervorgehen und in welchen sie wieder aufgesogen werden. Es ist

der Hintergrund des Denkens, es hat sich niemals geändert und wird sich nie ändern.

War es vor meiner Geburt?
Wer hat Ihnen gesagt, Sie seien geboren worden? Ihre Mutter? Das ist eine Information aus zweiter Hand. Wissen *Sie*, daß Sie geboren sind? Nein! Sie können sagen, daß eine Empfindung, eine Wahrnehmung geboren wird und stirbt. Sie können jedoch niemals sagen, daß *Sie* geboren wurden.

So kann ich Sie also nicht fragen, ob der Zustand reinen Seins nach dem Tode weiterbesteht?
Ein Zustand ist eine Erfahrung. Was Sie sind, ist keine Erfahrung. Freiheit ist ohne Ursache, ist kein Zustand. Sie gehört nicht der Existenz an. Existenz ist in Raum und Zeit.

Wie soll ich denn den Tod anschauen?
Weshalb wollen Sie vom Tod sprechen, wenn Sie das Leben noch nicht einmal kennen? Leben Sie nicht mit Informationen aus zweiter Hand. Wenn Sie wirklich wissen, was Leben ist, wird die Frage nach dem Tod unwesentlich. Das Leben ist ohne Ursache – es kann niemals geboren sein. Warum also vom Tod sprechen? Sie sterben in jedem Augenblick. Sie sterben jeden Abend, wenn Sie einschlafen. Wenn Sie vom Traumzustand zum Wachzustand übergehen, sterben Sie. Alles stirbt augenblicklich. Wenn Sie erst dieses Sterben kennen, werden Sie wissen, daß das Leben – Bewußtsein – ewig ist.

Wie wird man spontan?
Um Spontaneität zu finden, muß man über die von der Gesellschaft etablierte, konventionelle Moral hinausgehen. Ursprünglichkeit ist Liebe, sie entspringt höchster Intelligenz und Ganzheit. Das bedeutet, von Augenblick zu Augenblick in der hohen Kunst der Selbstaufgabe zu leben, da wo Konflikt unbekannt ist. Handeln, das aus dem Denken, aus Gewohnheit, aus Gefühlen, blindem Verlangen und dem Instinkt hervorgeht, ist zwanghaft und kann unmöglich spontan sein. Ursprünglichkeit kommt aus meditativer Stille. Sie kann nicht herbeigeführt werden. Kein System, keine Technik kann Sie Natürlichkeit lehren. Dadurch werden Sie höchstens sehr bald von Methoden des Ausschließens und der Disziplinierung abhängig, die zu einem Zustand verminderter Sensibilität und zu einem automatischen und mechanischen Verhalten führen.

In der Wachsamkeit und im Lauschen erfährt der Geist eine tiefgreifende Wandlung, in welcher die Intelligenz ihre eigenen Grenzen sieht und erleuchtet wird. Sie ist dann nicht länger konfus, unruhig und auf sich selbst bezogen – sie wird still, meditativ. Damit es zur Ursprünglichkeit kommen kann, muß durch Beobachtung und Verständnis die bewußte und unbewußte Unruhe weichen. Wenn wir zur Quelle unserer Handlungen in der Vergangenheit gehen, können wir entdecken, wie die versteckten Wünsche unseres unterbewußten Geistes spontanes Handeln, das aus der Freiheit kommt, zunichte machen. Dann kann eine Umwandlung unserer Natur erfolgen, ihrer tiefsten Bedürfnisse und Instinkte, und die Energie wird in die Ganzheit, ins Sein integriert.

Das Ende des Werde-Prozesses ist der Anfang der Spontaneität. Ursprünglichkeit ist Fülle der Energie. Sie ist Liebe.

Sind nicht die überlieferten Künste Japans, Bogenschießen, Ikebana oder Kalligraphie, Techniken, welche Ursprünglichkeit lehren?
Es sind eigentlich keine Techniken. Eine Technik besteht darin, daß Sie ein System übernehmen, um mit dessen Hilfe ein Ziel zu erreichen. Spontanes Malen oder Bogenschießen basieren jedoch darauf, daß man vom Ziel absieht, sind absichtsloses Tun.

Was ist Langeweile, und wie kann ich mich von ihr befreien?
Wenn wir oberflächlich leben und uns dessen bewußt werden, mag es sein, daß wir eines tiefen Mangels oder Ungenügens – eines Un-Behagens – gewahr werden, das wir Langeweile nennen. Anstatt uns diesen Augenblicken der Langeweile zu stellen, gehen wir von einer Kompensierung zur andern, um die Leere auszufüllen. Wenn wir uns aber diesen Momenten wirklich ohne jegliche Rechtfertigung, ohne Konzeptualisierung oder Analyse stellen, findet eine Umwandlung statt. Man sollte der Langeweile gestatten, als reine Wahrnehmung, als Gefühl, als Empfindung dazusein. Die Wahrnehmung ist wirklich, und wenn man ihr erlaubt, sich zu entfalten, wird sie zur Stille erblühen und auf das Gewahrsein verweisen.

Viel zu oft mischen wir uns in die Wahrnehmung ein und qualifizieren sie, machen sogleich eine Vorstellung daraus. Ein Konzept hat keine Wirklichkeit, es ist Produkt des Denkens und kann uns als solches nichts lehren und uns auf nichts anderes hinweisen als auf alte mentale Muster und Gedächtnisinhalte. Wenn Sie die Wahrnehmung von den Eingriffen des Ego befreien, werden Sie entdecken, daß die blockierte, lokalisierte Energie der verfestigten Muster befreit und neu orchestriert wird. Jede Situation ist neu, wenn ihr der Geist nicht das Alte aufzwingt. Jede Situation verlangt eine neue Harmonisierung der Energie, welche dieser Situation völlig angemessen ist. In dieser Neuharmonisierung löst sich alle Energie, die zuvor durch das Gedächtnis, durch Gewohnheiten und psychologische Zeit zerstreut wurde, in unserer zeitlosen Gegenwärtigkeit auf.

Gibt es eine richtige und eine falsche Art zu handeln?
Das richtige Handeln kommt nicht aus der Persönlichkeit; es kommt direkt aus der Situation selbst und hinterläßt keine Rückstände. Ebenso wie die Antwort in der Frage enthalten ist, birgt die Situation ihre eigene Lösung.

Wenn die Persönlichkeit die Aktion – genauer gesagt die Reaktion – nicht mehr diktiert, können Sie völlig angemessen mit der Situation umgehen. Richtiges Handeln ist einfach funktional. Oft ist die Intuition des richtigen Handelns für unser Selbstbild nicht angenehm, und weil dieses sich bedroht fühlt, bezweifelt oder bekämpft es die spontane Intuition. Es braucht Mut dazu, die Person abdanken zu lassen.

Was meinen Sie mit – «hinterläßt keine Rückstände»?
Reagieren ist ein unvollendetes Handeln. Die Rückstände dieses Nicht-Vollbrachten bleiben als Gedächt-

nisinhalte in Ihnen zurück. Wo es keinen Handelnden gibt, kann es auch keine Rückstände geben.

Ein Handeln, welches dem globalen Gewahrsein einer Situation entspringt, ist automatisch richtig. Es ist frei von Absicht und von Beweggründen. Ein richtiges oder angemessenes Handeln beruft sich nicht auf einen psychologischen Zustand, auf eine Moral, sondern ist direkte, durch die Situation inspirierte Funktionalität. So ist es immer spontan, nicht ans Gedächtnis gebunden und läßt keine Rückstände zurück. Es läßt sich nicht wiederholen. Eine Reaktion ist gedächtnisbedingt, sie ist immer impulsiv oder zwanghaft.

Kann richtiges Handeln Rückstände in anderen hinterlassen?
Möglicherweise wird das Handeln falsch ausgelegt von jenen, die die gesamte Situation nicht übersehen, weil sie diese von ihrem Gesichtspunkt aus betrachten. Sie können jedoch sicher sein, daß es früher oder später als von einem globalen Hintergrund aus kommend klar erkannt wird. Einfache Funktionalität ist harmonisch, weil sie aus Harmonie erwächst. Sie ergibt sich aus Liebe. Richtiges Handeln ist von Augenblick zu Augenblick gültig und nicht nur in seinem Ergebnis.

Kann richtiges Handeln durch menschlichen Irrtum begrenzt werden?
Intelligentes Handeln ist von Ihren Fähigkeiten abhängig, es geht nicht über diese hinaus. Ein wahres Motiv sucht nach der richtigen Handlung. Sie benötigen selbstverständlich Werkzeuge, um diese Handlung auszuführen. Andere um Hilfe bitten ist Teil der Handlung. Das richtige Handeln verlangt ständig erneutes

Abschätzen Ihres Kapitals, des intellektuellen, physischen und so weiter. Wo es funktionelle Fehler gibt – auch wenn ein liebender Hintergrund gegenwärtig ist –, kann man nicht von richtigem Handeln sprechen.

Was drängt den Bodhisattva dazu, alle Lebewesen zu unterweisen und sie zu erleuchten, wenn es im rechten Handeln keine Absicht gibt?
Absicht erwächst der Idee, ein gesondertes Individuum zu sein. Wenn das «Ich» aufgelöst ist und Sie Ihr unendliches Wesen verwirklicht haben, erhebt sich große Dankbarkeit. Dankbarkeit heißt, der Liebe für die Liebe zu danken. Sie verströmt sich im Geben, im Erbarmen und in der Liebe zu allen. Sympathie und Mitleid sind jedoch Komplizen des Schmerzes.

Woher kommt das Gefühl, verantwortlich zu sein?
Wenn Sie anderen geben, was Sie zutiefst sind, ist keine Verantwortung im Spiel. Ihr Tun ist frei von Pflicht und Moral. Was immer Sie auch tun, ist spontan verantwortlich. Es entsteht aus Dankbarkeit und Liebe, dabei ist jedoch niemand da, der handelt, kein Verantwortungsgefühl.

Woher kommt das Verlangen?
Jeder Wunsch ist letztendlich Sehnsucht nach Frieden, und als solche erwächst er dem Nicht-Verlangen. Wenn ein begehrtes Objekt erreicht wird, gibt es einen Augenblick von Nicht-Verlangen, ohne Subjekt oder Objekt. Später schreiben wir diese Befriedigung dem Objekt zu, im Moment selbst gibt es jedoch weder Ursache noch Wirkung, weder Wahrnehmenden noch

wahrgenommenes Objekt. Wir sind «zu Hause». Alles Verlangen gründet im Streben, immer daheim zu sein.

Was man allgemein Verlangen nennt, ist eine psychologische, von der Person zum Überleben geschaffene Überlagerung. Verlangen kommt im allgemeinen aus dem psychologischen Gedächtnis, dem Bollwerk des «Ich». Natürlich gibt es ein Verlangen, das vom Körper selbst kommt. Es gehört der biologischen Erhaltung an, einer natürlichen Funktion.

Würden Sie über Stimulation sprechen?
Ihre Totalität ist autonom. Das besagt, daß überhaupt keine Stimulation zu einer Wunscherfüllung notwendig ist. Ein gewisses Maß an Stimulation ist für die biologische Struktur sicher notwendig, sonst stirbt sie. Weil sie jedoch in Ihrer wahren Natur auftaucht, sind Sie durch ihr Erscheinen nicht gebunden. Sie weist an sich nichts Interessantes für Sie auf. Sie erscheint einfach im Bewußtsein. Dann ist biologische Stimulation Frohlocken für Sie, die Existenz ist nichts als ein Spiel. Sie ist ein Ausdruck der Ganzheit. Wenn Sie Bewußtsein sind, sehen, fühlen, schmecken, hören Sie nur Bewußtsein. Alle Bedürfnisse kommen aus einem Mangel, und fast all unser Verlangen nach Stimulation stammt aus geistiger Verwirrung.

Ich ertappe mich oft beim Versuch, gewisse angenehme Erfahrungen oder Empfindungen zu wiederholen. Weshalb?
Um existieren zu können, braucht die Person Erfahrungen und sucht diese deshalb zu wiederholen. Vergnügen bringt dem Ego mehr Sicherheit als Leid. Solange Sie sich für einen Erfahrenden halten, werden Sie

im Vergnügen/Schmerz-Kreislauf leben. Gegenstandslose Bewußtheit, Ihr wahres Wesen – ist Freude ohne Erfahrenden oder Erfahrung. Sie ist nicht an Zeit, Gedächtnis, Gefühl oder Empfindung gebunden, also gibt es nichts zu wiederholen. Sie sind Gast der Freude, Sie können sich ihr nicht aufdrängen.

Können Sie uns den Unterschied zwischen Freude und Vergnügen erläutern?
Vergnügen existiert immer im Schatten des Schmerzes. Zur Freude gibt es kein Gegenstück. Freude ist ohne Ursache oder Objekt. Da alles in der Freude erscheint, erscheint auch Vergnügen in der Freude. Freude ist der Hintergrund, aus dem das Gegensatzpaar Vergnügen und Leid auftaucht und in welchem es sich wieder auflöst. Das Vergnügen erhält die Person, die Freude löst sie auf. Freude kann spontan erscheinen, doch oft artet sie in Vergnügen aus.

Wie kommt es zu dieser Entartung?
Sie machen eine Vorstellung aus der Freude. Die Freude ist global, weil jedoch nur eine Vorstellung auf einmal existieren kann, wird alles, was vorgestellt wird, in einen Ablauf gebracht. Vergnügen ist bruchstückhaft, Freude ist multidimensional. Das Vergnügen hat einen Anfang und ein Ende, Freude ist durchgängig.

Würden Sie sagen, daß Freude die Synthese von Vergnügen und Schmerz darstellt?
Freude ist allumfassend. Sie ist die Quelle, nicht die Synthese der Bruchstücke. Die «stille Freude», von der ich spreche, ist ein lebendiges Prinzip. Die Existenz, das

Vergnügen und der Schmerz sind *in* der Freude, diese ist jedoch nicht an sie gebunden. Wo es nur ein begriffliches und kein lebendiges Prinzip gibt, da ist keine Wärme, kein Leben.

Mein Leben ist so hektisch, daß mir der Versuch, mich zu entspannen, schwerfällt.
Versuchen Sie nicht, sich zu entspannen. Wenn Sie dies tun, projizieren Sie automatisch alte Verhaltensmuster, denn der, der sich bemüht, ist Teil dessen, was er überwinden möchte. Um zu tieferen Schichten von Frieden zu gelangen, müssen wir auf unseren Körper lauschen. Wenn Sie zu einem unschuldigen, unbedingten Lauschen kommen, tritt Ihr Körper spontan in einen tiefen Frieden ein. Wenn Sie ihn funktionieren lassen, hat er ein organisches Gedächtnis für den Frieden. Sie stören ihn aber fortwährend mit Gedanken, Wünschen, Gefühlen und Zielen.

Lernen Sie Ihr Kapital kennen, Ihre Möglichkeiten! Leben Sie Ihren Mitteln gemäß. Essen Sie, wenn Ihr Körper nach Nahrung verlangt. Ruhen Sie, wenn er Erholung sucht.

Ich habe enorme Schwierigkeiten im Leben und stelle fest, daß ich nicht fähig bin, diese so zu akzeptieren, wie Sie uns raten. Wie habe ich mit diesem Konflikt umzugehen?
Sobald Sie den wahren Sinn des Wortes «Hingabe» kennenlernen, werden Sie wahre Freiheit schmecken, denn Hingabe befreit Sie vom Objekt, vom Gefühl der Depression und vom Konflikt, und zugleich verweist sie auf die Offenheit selbst. Das ist die Essenz der Hingabe, und das ist Ihr wahres Wesen. Hingabe verlangt,

daß die Tatsachen ehrlich anerkannt werden, daß Sie sich ihnen geradeheraus stellen. Sie müssen sie akzeptieren und willkommen heißen und dies auf wissenschaftliche Weise, ohne Reagieren oder Bewerten. Dieses Annehmen ist weder ein Opfer noch ein Willensakt. In der unserem Wesen eigenen Offenheit ist niemand da, der akzeptiert. Annehmen oder Hingabe sind also insofern passiv, als es keinen Direktor gibt, und aktiv in dem Sinn, daß man vollkommen wach und gewahr bleibt, bereit für alles, was sich zeigt. Diese Stille ist ein Warten ohne die innere Unruhe des Wartens, und in solcher Offenheit kann die höchste Intelligenz wirken.

Seien Sie gewahr, nehmen Sie Notiz davon, wie der Reflex, ein Problem zu bekämpfen, es verdrängen, verändern, umformen oder sublimieren zu wollen, Sie nur noch tiefer in Konflikt geraten läßt. Im Nicht-Akzeptieren bleiben Sie mit dem Objekt verstrickt, daran gebunden. Die einem Problem angemessene Lösung kann sich nur in Abwesenheit des «Ich», dem Urheber von Anziehung und Abneigung, zeigen. Das Ego flieht oft die sich darbietende Lösung, indem es sagt: «Sie gefällt mir nicht, sie bringt mit kein Vergnügen.» Es erfordert Wachsamkeit, damit das Ego eine sich zeigende Lösung nicht stiehlt und versteckt.

Wenn der Akzent vom Problem weg und aufs Annehmen verlegt wird, läßt der Druck nach, und Ruhe und Entspannung stellen sich ein. Jedes Problem enthält seine Lösung, auch wenn der Geist und sein Gedächtnis das Problem oder die Lösung nicht voll erfassen können. Indem Sie sich dem Problem hingeben, sind Sie für das Bekannte wie für das Unbekannte der problematischen Lage offen, und das Verständnis operiert mit Frische. In der stillen Hingabe ist Seligkeit und Gebet ohne Bitte oder Forderung. Da gibt es keinen Handelnden, Erfahrenden, Liebenden oder Geliebten. Es gibt nur einen göttlichen Strom. Sie werden sehen, daß das bloße Annehmen schon die Lösung des Problems darstellt, und die Handlung, die aus Ihrem Begreifen erwächst, ist dann ganz direkt. Wenn es Ihnen immer leichter fällt, sich hinzugeben, wird die Wahrheit Sie von selbst suchen, ohne daß Sie sich darum bemühen müssen.

Ich habe so viele schlechte Seiten. Wie kann ich Häßliches willkommen heißen?
Vergleichen Sie sich nicht mit Ihrem Nachbarn. Sie sind ein einzigartiges Glied in der Totalität der Menschheit. Wenn Sie vergleichen, richten Sie und fühlen sich schuldig. Schauen Sie Ihren Mechanismus direkt, ohne Bezugnahme auf eine Vorstellung an. Ohne Vorwegnahme eines Ergebnisses stehen Sie Ihrem psychosomatischen Feld in seiner Nacktheit gegenüber. Sie werden überrascht feststellen, daß es nichts Negatives an ihm gibt, wenn Sie ihm in seiner Blöße ohne Urteile begegnen.

Ich vergleiche mich ja gar nicht immer mit meinem Nachbarn. Ich habe jedoch ein inneres Gefühl dafür, was Harmonie und Schönheit ist, und ich fühle, daß ich dem nicht entspreche.
Alle negativen Gefühle entstehen aus auf dem Gedächtnis basierenden Vergleichen. Momente der Harmonie und Schönheit erwachsen aus Ihrem ursprünglichen Boden, dem, was Sie sind, und berühren Ihr ganzes Sein. Das Ego wird angeschlagen, und weil es sein En-

de nahen fühlt, stiehlt es den Augenblick zu seinem eigenen Vorteil. Das «Ich» ist ein Dieb, der sich alles aneignet.

Momente des Friedens hinterlassen einen dauerhaften Duft in Ihnen, das Denken aber macht einen Begriff daraus und diesen zu einem Ideal. Da nehmen Sie die unsinnige Haltung ein, sich selbst mit einer Karikatur dessen, was Sie sind, zu vergleichen.

So kann ich mich also meiner psychosomatischen Basis nur dank einem praktischen Akzeptieren ohne Vergleich stellen?
Ja. Stellen Sie sich ihr im Handeln, nicht im Geiste. Dann kann es kein Vergleichen geben. Vergleichen ist eine geistige Aktivität. Nur indem Sie sich stellen, wird eine Wandlung möglich. In der *Bhagavad-Gītā* kommt Ārjuna in Versuchung, das Schlachtfeld aus Gründen zu verlassen, die ihm persönlich unangenehm sind. Krishna aber zeigt ihm, daß alle diese Gründe nur im Gedächtnis wurzeln. Im Annehmen gibt es kein Zentrum, kein Selbstbild, und die Schau des Ganzen kann sich Ihnen offenbaren. Das Handeln ist dann frei und angemessen.

Im Annehmen werden zuerst alte Muster auftauchen, wenn Sie jedoch nicht darauf hereinfallen, wird der Augenblick der Befreiung kommen. Diese Befreiung ist die Entfaltung des Musters, die Freisetzung verfestigter Energie, welche dann in Ihrer annehmenden Haltung aufblüht und sie mit Vitalität erfüllt.

Ist positives Denken wertvoll?
Positives Denken gehört dem psychologischen Überleben an. Es ist Selbstbehauptung des Ego. Psychologische Technik verstärkt die Erfahrung und den Erfah-

renden. Solange Sie aber noch im Mentalen, im Bereiche der Entsprechung leben, ist positives Denken Ihrem wahren Wesen näher als negatives Denken. All solche Methoden sind jedoch Krücken, die Ihnen helfen, in scheinbarer Sicherheit zu wandeln. Es sind Stützen für unreife Menschen. Wenn Sie in der Globalität leben, haben Sie solchen Halt nicht mehr nötig, ähnlich dem Seiltänzer, der ohne Hilfsmittel sein perfektes Gleichgewicht findet. Wenn jemand auf seiner Rechten oder Linken auftaucht und ihm Hilfe anbietet, wird er unsicher, weil sein Gleichgewicht sich weder auf links noch auf rechts bezieht.

Ich fürchte mich vor dem Nichts, mit welchem ich konfrontiert werde, wenn die Persönlichkeit stirbt.
Sie sind gewohnt, bruchstückhaft zu leben. Wenn das Selbstbild stirbt, leben Sie in der Totalität. Diese Fülle kann niemals objektiviert werden, weil es da keinen Agenten mehr gibt, der sie denkt. Sie kann nur gelebt werden. Dies ist eine neue Empfindung – eine Empfindung ohne Empfindung.

Sie stellen sich vor, der Tod der Selbstvorstellung bedeute Abwesenheit. Das ist aber nur das «Ich», welches zugunsten seines eigenen Überlebens spricht. Brechen Sie aus dem Teufelskreis eines Lebens in der engen Welt des Ego aus. Der Tod des unsicheren «Ich» läßt Sie in totaler Sicherheit zurück. Was also vom Standpunkt des relativen «Ich» aus Unsicherheit bedeutet, ist absolute Sicherheit für Ihr umfassendes Sein. Es gibt Menschen, die in tragische Situationen verstrickt sind und die dennoch lieber so leben als in Abwesenheit einer Situation, in welcher das «Ich» keinen Halt finden kann.

So basiert also alle Furcht auf einer bruchstückhaften Sichtweise?
Ja. Weil ein Bruchstück isoliert, von der Ganzheit abgesondert ist. Diese Trennung läßt Furcht und Angst aufkommen. Die Angst und der, der Angst hat, sind eins, nicht zwei.

Wie kann ich mit der Furcht im Augenblick ihres Aufkommens umgehen?
Seien Sie gewahr, daß Furcht nicht zum Fürchten ist. Das Wort «Furcht» ist sehr mächtig. Sobald Sie es aussprechen, ruft es eine neurochemische Veränderung in Ihrem Organismus hervor. Geben Sie also das Konzept Furcht auf, und Sie werden sich der bloßen Wahrnehmung, der Empfindung gegenüber finden. Wenn Sie etwas benennen, entfernen Sie sich von seiner Nacktheit und kleiden es in das ganze Drum und Dran des Gedächtnisses.

Praktisch gesagt: Wenn Sie sich der Empfindung stellen, finden Sie diese irgendwo in Ihrem Körper lokalisiert. Sie spüren sie als Spannung, als Verengung. Sobald Sie die Spannung lokalisiert haben, müssen Sie sie verlassen, da sonst die Gefahr einer Verfestigung besteht. Fliehen Sie sie nicht, das ist eine mentale Reaktion, sondern gehen Sie in eine angrenzende Region, welche frei und entspannt ist. Gehen Sie in die gesunden Regionen hinein, und lassen Sie deren Leichtigkeit auf die verspannte Region übergreifen. Was Sie «Furcht» nennen, ist bloß verfestigte Energie. Sie müssen diese Energie befreien.

Gibt es nicht auch eine Empfindung, die wir Furcht nennen, welche aus dem biologischen Selbsterhaltungstrieb stammt?
Wenn Sie in Gefahr sind, sorgt der Körper für sich selbst und handelt, bevor Sie denken. Es kann dabei geschehen, daß das Blut sich automatisch aus der Haut zurückzieht, um Muskeln und Gehirn zu nähren, daß das Herz schneller schlägt, damit der Blutkreislauf beschleunigt wird und Sauerstoff liefern kann, Adrenalin kann ausgeschieden werden und so weiter. Der Körper benötigt dazu keinen Aufseher.

Später können Sie sagen: «Ich bin in Gefahr», und Sie empfinden Furcht. Doch der Körper spürt keine Furcht, da ist nur Aktion. Furcht ist eine psychologische, auf dem Gedächtnis gründende Reaktion. Psychologisches Überleben ist eine Illusion. Sie müssen zwischen biologischer und psychologischer Tätigkeit unterscheiden können.

Gilt das auch für Zorn, Eifersucht, Haß und so fort?
Das alles sind Vorstellungen. Wenn Sie das Prinzip einmal verstanden haben, können Sie es auf jede Dimension des Lebens übertragen. Wenn Sie Zorn empfinden, sollten Sie ihn weder verurteilen noch benennen. Machen Sie ihn zu einem Objekt Ihrer Wahrnehmung, frei von der Einmischung des Intellektes. Die Gedanken mögen kommen und gehen, doch wenn Sie ihnen keinen Halt bieten, kommen Sie zu keiner Schlußfolgerung. Bleiben Sie beim Schauen ohne Schlußfolgerung, und Sie werden Raum zwischen Ihnen und dem, was Sie Zorn nennen, wahrnehmen. Dieser Raum ist kein psychologisches Gefühl, sondern echtes, umfassendes Körpergefühl. Je mehr Sie sich für den wahren Zorn in-

teressieren, desto objektiver wird er, mehr eine Wahrnehmung als eine Emotion, in welcher Sie sich verlieren. Dann werden Sie feststellen können, daß es sich dabei nur um eine manifestierte Energie handelt, welche keine der Eigenschaften hat, die der Verstand als «Zorn» bezeichnet.

Und wenn das Gefühl plötzlich und unkontrollierbar aufkommt?
Wenn die Krise vorbei ist, müssen Sie sich in Ruhe wieder sammeln. Kehren Sie dann zur Situation zurück – lassen Sie sie in Ihrer objektiven Aufmerksamkeit erneut aufleben. Es ist wesentlich, daß Sie sich nach jeder Handlung nicht als den Urheber der Handlung ansehen. Sagen Sie eher: «Eine Handlung hat stattgefunden.» Diese Zeugenhaltung ist ein Lehrmittel, eine Krücke. Sie ist ein Mittel, die Gewohnheit des Identifizierens mit Gedanken und Handlungen zu brechen, indem man eine räumliche Beziehung schafft. Der Zeuge existiert in Wirklichkeit nicht, denn es gibt weder Gedächtnis noch Erinnerung. Was Sie mit dem Etikett «Vergangenheit» behaften, ist ein gegenwärtiger Gedanke. Das Denken ist immer *jetzt*, in der Gegenwart, im bewußten Gewahrsein. Wenn die Vorstellung, jemand zu sein, schwindet, erlischt zugleich die Notwendigkeit eines Zeugen.

Ist es möglich, völlig von Spannungen frei zu sein?
Sobald Sie Ihre Empfindungen nicht mehr zu Begriffen machen, werden Sie früher bemerken, wenn eine Spannung auftaucht – noch bevor Sie sie benennen. Wenn Ihnen ein spannungsfreies Leben immer vertrauter wird, werden Sie schon die subtilsten Ansätze einer

Spannung bemerken. Mit den Gedanken ist es dasselbe. Einem Gedanken geht ein Pulsieren voraus. Wenn Sie sehr achtsam und sensibel sind, spüren Sie dieses Pulsieren im Moment, bevor es das Gehirn anregt und sich dort konkretisiert.

Wenn Sie in Freiheit leben, tritt Spannung noch auf, wo sie für das biologische Überleben notwendig ist; dies führt jedoch nicht zu einer Kompensation. Sie wird nicht zum Glied einer Reaktionskette. Die Spannung wird empfunden, aber nicht fixiert. Spannung nimmt eine andere Form an, wenn sie Ihrer Ganzheit angehört.

Ich fühle mich immer sehr einsam und klammere mich einzig deshalb an Beziehungen, weil mir dies besser erscheint als nichts.
Wer ist allein? Nehmen Sie sich Zeit zur Antwort. *Wer ist allein?*

Ich bin es.
Existiert dieses «Ich», wenn Sie nicht daran denken? Solange Sie sich für jemanden halten, werden Sie sich isoliert fühlen. Der einzige Unterschied zwischen Ihnen und den anderen ist, daß jene mit ihren Tätigkeiten und ihrer Umgebung, Sie dagegen mit der Abwesenheit einer Umgebung beschäftigt sind. In beiden Fällen besteht Identifizierung mit dem Objekt – das läuft auf dasselbe hinaus.

Wenn Sie sich das nächste Mal einsam fühlen, fragen Sie: Wer ist einsam? Suchen Sie den «Wer», Sie werden ihn niemals finden. Wenn Sie einen Mangel empfinden, so ist dies ein Geschenk Gottes. Es ist die allerbeste Gelegenheit, der Sie in Ihrem Leben begegnen können. Sie mögen es anders empfinden, wenn Sie jedoch niemals einen Mangel gespürt hätten, wären Sie gar nicht darauf gekommen zu suchen.

Ich fühle mich niedergedrückt durch ein Schuldgefühl, das auf mir lastet.
Solange Sie an ein Selbstbild glauben, gibt es Schuld. Sehen Sie klar, daß dieses Bild einzig eine Projektion in Raum und Zeit ist. Sie sind nicht der Film, Sie sind das Licht, welches Ihnen erlaubt, den Film zu sehen. Der Film ist ein Bruchstück, und ein Bruchstück kann nur bruchstückhaft sehen – und das bedeutet Konflikt.

Leben Sie in der Leere, frei von Vorstellungen, so werden Sie Fülle erfahren. Solange Sie objektivieren, können Sie die Fülle nicht erleben. Wie schön ist es, im Nichts zu leben, nichts zu sein! Im Nichts zu leben bedeutet, frei von allen Vorstellungen, von jeglichem Gesichtspunkt zu leben, sogar frei von der Idee des Nichts. Ich rate Ihnen, einmal Meister Eckharts Predigt über die Armut im Geiste zu lesen, die – viel schöner, als ich dies jemals tun könnte – beschreibt, was wahre Leere, wahre Armut ist.

Kommen noch Emotionen und Gefühle auf, wenn man in der Leere lebt?
Das, was Sie unter Emotionen verstehen, ist ein Gefühlszustand, den ich als Emotionalität bezeichne. Es handelt sich dabei um eine Reaktion, die Sie durch Gedächtnis und Gewohnheit an ein Selbstbild bindet. Emotionalität ist Wiederholung einer Empfindung. Sie entspringt dem Wunsch nach Sicherheit. Es ist eine Geste der Aneignung. Viele Menschen leben in ständiger

Emotionalität, ohne dies jemals in Frage gestellt zu haben.
Gefühle sind dagegen immer neu, sie sind fließend. Gefühle gehören der Leere an. Sie lösen das «Ich» auf. In einem Gefühl wird die Subjekt-Objekt-Dualität aufgehoben, es ist Schönheit. Wenn Sie von Zuständen und Vorstellungen befreit eine Skulptur oder ein Gemälde anschauen, Musik hören, ein Gedicht lesen, einen Sonnenuntergang bewundern oder Ihre Geliebte berühren, gibt es keinen «Tuer». Da ist nur Sehen, Hören, Berühren. In diesem «Besitzlossein» erhebt sich das Gefühl. Es kommt aus Ihrer eigenen Schönheit. Gefühl integriert, während Emotionalität trennt. Befreien Sie sich also von Gefühlsduselei. In dieser Abwesenheit von Emotionalität mögen Sie anfänglich die Empfindung haben, Sie würden gleichgültig. Sie werden jedoch sehr bald sehen, daß Sie darin echtes Wohlwollen für Ihre Umgebung hegen. Gefühl, Wohlwollen ist ein Geben.

Sind Sie einverstanden mit «Leben ist Leiden»?
Wenn Sie sich mit der Existenz identifizieren, in der Reaktionskette von Ursache und Wirkung leben, ist das Leben Leiden. Wenn Sie jedoch einen Augenblick total außerhalb dieses Identifizierens sind, erscheint Ihnen das Leiden anders. Es erscheint Ihnen so, weil Sie die Freiheit einmal geschmeckt haben, jedoch noch nicht ganz mit ihr in Einklang sind. In diesem Leiden ist Leben. Das ist der große Zweifel, durch den sich alles, was nicht die Ganzheit ist, als ungenügend zeigt. Er bringt Ihnen die Bestätigung dessen, was Sie sind. Jedes andere Leid führt nur zum Bankrott.

Sich selbst kennen

Wie kann ich das tägliche Leid überwinden?
Erster Anlaß des Leidens ist das Gefühl, abgesondert, nicht mit der Ganzheit verbunden zu sein. Dies bringt Konflikt in Ihr Leben. Gewöhnlich sehen Sie nur den Konflikt, das oberflächliche Leid; wenn Sie das Leid aber in seiner Tiefe betrachten, unterhalb der Ebene des Konflikts, zeigt sich die Wurzel. Sie müssen sich dem Ursprung des Leids stellen und sich nicht durch Nebenwirkungen ablenken lassen. Nur das «Ich» leidet. Wenn der Leidende, der ein Bruchstück ist, verschwindet, verweist das Leid auf die Einheit.

Kann ein erleuchteter Mensch leiden?
Wenn es noch Leid gibt, so an einem unbekannten Ort, wo Sie fühlen, daß die anderen nicht mit Ihnen in der Freiheit sind. Ihre Freiheit strahlt dennoch weiter.

Geht man mit physischem Schmerz gleichermaßen um wie mit anderem Leid?
Ja. Der Körper ist grundsätzlich gesund. Er hat ein organisches Gedächtnis für Gesundheit. Wenn der Körper verletzt wird, gibt es eine bestimmte Empfindung, die jedoch durch Ihre Reaktion und Ihr Gedächtnis übertrieben und aufrechterhalten wird. Indem Sie die Empfindung frei von Kompensierenwollen und von Vorstellungen anschauen, vermindert sie sich stark. Der meiste sogenannte Schmerz ist Nicht-Akzeptieren.

Das Werk des Arztes besteht nur darin, dem Körper zu helfen, seine eigene Gesundheit wiederzufinden. Man muß dabei mit dem Organ gehen, mit dem organischen Gedächtnis, und nicht dagegen. Heute bemühen sich die meisten Ärzte darum, die Krankheit zu «bekämpfen»!

Wie wichtig ist gute Ernährung?
Ihr Körper ist, was Sie denken, fühlen und essen. Nahrung ist nicht nur das, was Sie durch den Mund aufnehmen. Ihr Körper ist aus den fünf Elementen zusammengesetzt, Wasser, Erde, Luft, Feuer, Äther, und so ist Ihre ganze Umgebung Nahrung. Eine gute Ernährung besteht im angemessenen Umgang mit den fünf Elementen. Was das durch den Mund Aufgenommene angeht, so gibt es Nahrungsmittel, die den Organismus unterhalten, und sogenannte Nahrung, die nur den Gaumen kitzeln soll. Was Ihnen bekömmlich ist, wird durch Ihre Beobachtung entschieden. Beobachten Sie, auf welche Weise die Nahrung in Ihnen wirkt, wie Sie sich vor und nach dem Essen fühlen, wie der Körper einschläft und aufwacht. Der Körper selbst wird Sie zur Wahl führen.

Welche Art von Übungen sind für den Körper notwendig? Ich stelle diese Frage, weil ich gehört habe, daß Sie eine Form von Yoga lehren, welche auf einer alten Kashmiri-Tradition gründet?
Zuerst einmal: Von mir werden Sie das Wort «Yoga» nie als Beschreibung dessen, was ich lehre, zu hören bekommen. Im allgemeinen wird der Yoga im dualistischen Sinn verstanden, nämlich als Vereinigung des vermeintlichen individuellen Selbst mit dem vermeintlichen universalen Selbst. Er ist damit zu einem Prozeß des Erreichens und Werdens geworden, zu einem Willensprozeß.

Auch wenn wir die traditionellen *Āsanas* und *Prāṇāyāmas* ausführen, die von Patanjali kodifizierten Haltungen und Atemtechniken, beginnt die Arbeit mit der Überzeugung, daß es nichts zu erreichen oder zu werden gibt. Es handelt sich dabei nur um eine Weise, uns mit dem vertraut zu machen, was wir gewöhnlich fraglos als unseren Körper, unsere Sinne und unseren Geist annehmen. Dies läßt uns zuerst erkennen, was wir *nicht* sind, und schließlich wird klar, was wir im Grunde sind. Dann sind Körper, Sinne und Geist ein Ausdruck unserer Ganzheit.

Als ich im Jahre 1968 Indien bereiste, bin ich einem Heiligen und seinen Jüngern begegnet. Die Schönheit ihres Singens, mit der sie gewisse Rituale, Pujas, ausführten, zog mich an. Während eines Gespräches mit diesem Mann stellte ich die Frage, was er unter dem Begriffe «Yoga» verstehe, und die Einfachheit seiner Antwort erstaunte mich. Er sagte: «Yoga bedeutet richtiges Sitzen, richtiges Handeln, richtiges Verhalten im Augenblick. Es bedeutet, sich bei jeder geistigen und körperlichen Handlung der Situation entsprechend zu verhalten. Yoga bedeutet Einssein mit der Gegenwart.»

Wie können wir zu einem solch richtigen Sitzen, richtigen Verhalten kommen? Was verstehen Sie unter «erkennen, was wir nicht sind»?
Der Körper ist die fünf Sinne, und die fünf Sinne sind der Körper, doch im allgemeinen sind die Sinne konditioniert. Für Sie ist der Körper mehr oder weniger ein in Ihrem Gehirn aufgebautes Bild, und daher erwacht am Morgen nicht der wirkliche Körper, sondern eine Vielzahl von bildlichen Vorstellungen, die in Ihnen auftauchen. Doch wozu den konditionierten Körper disziplinieren. Was immer Sie unternehmen, es verstärkt bloß seine Muster. Sobald die fünf Sinne vom Gedächtnis

befreit sind, können Sie spüren, daß der Körper hauptsächlich aus Schichten der Empfindung besteht. Die Förderung der Körperwahrnehmung gibt Ihnen einen Vorgeschmack der umfassenden Wahrnehmung. Sie bringt auch den Körper ins Gleichgewicht, in seine Ganzheit zurück.

Die umfassende Wahrnehmung geht über die physische Körperform hinaus. Sie dehnt sich in den umgebenden Raum aus. Diese Empfindung von Weite hilft Ihnen, die Vorstellung von sich selbst auszumerzen, weil das Ego einzig eine Kontraktion, ein Bruchstück ist. Die Expansion ist der ich-lose «Nicht-Zustand». In der Expansion gibt es keine Absonderung, nur Liebe.

Was ist das Instrument dieser Annäherung?
Ein tiefes «Lauschen» – frei von geistiger Einmischung. Dank dieses Lauschens können die erstarrten subtilen Schichten körperlicher Energie sich entfalten. Durch dieses Lauschen, das frei von einem Willensimpuls ist und in dem es kein Ziel zu erreichen gibt, findet der Körper seine ursprüngliche Leichtigkeit, Ausdehnung, Transparenz und die natürliche Harmonisierung der Energie.

Durch die Arbeit mit dem ausgedehnten Körper kommen Sie zu einem erweiterten Geist. Die Erweiterung des Körper-Geistes führt Sie an die Schwelle Ihres wahren Seins – des objektlosen Gewahrseins. Anfänglich scheint der Akzent auf dem Körper zu liegen, am Ende wird der Akt des Lauschens selbst stärker betont, und das ist dann Aufnahmebereitschaft, Offenheit, unser wahres Wesen, in welchem Körper und Geist existieren.

Was verstehen Sie unter «Körpergefühl»?
Was Sie Ihren Körper nennen, ist nur eine Hülle, in welcher ein subtiler Körper lebt. Dieser innere Körper ist subtile Energie, die Lebenskraft, die den physischen Körper unterhält. Unsere Empfindsamkeit ist von dieser Lebenskraft abhängig. Paradoxerweise strahlt dieser Körper über den physischen Körper hinaus und berührt das uns Umgebende, obwohl er im physischen Körper residiert. So hat der Körper in seiner Ganzheit also eine viel größere Ausdehnung, als allgemein angenommen wird. Weil der physische Körper im Laufe des Lebens durch unser Streben immer stärker belastet wird, wird er zu einem Knoten aus Verspannungen und Verhärtungen, und die Ausdrucksmöglichkeiten des subtilen Körpers werden dadurch gelähmt. Seine Ausstrahlung wird behindert und der physische Körper damit von seiner Umgebung getrennt. Wenn diese Lebenskraft blockiert ist, führt dies zu vorzeitigem Altern, das sich zuerst als eine Verminderung der Sensibilität und der Energie zeigt. Im natürlichen, gesunden Körper ist jede Zelle von Leben durchdrungen.

Unser Ansatz besteht darin, dem Energiekörper zu vollem Ausdruck zu verhelfen, wie dies in der Kindheit der Fall ist. Sobald man seiner gewahr wird, findet er wieder zu ganzheitlichem Funktionieren. In unserem Körpertraining erwecken wir also zuerst den Energiekörper, indem wir ihn zum Objekt unseres Gewahrseins machen. Diese Energie ist fühlbar, es ist eine Empfindung. Das nenne ich Körpergefühl. Wenn die Empfindung der Energie ganz lebendig ist, bringt sie eine Veränderung der physischen Struktur mit sich. Jeder andere Versuch, den Körper zu verändern, erwächst aus dem Willen, dem Mentalen, und ist gewaltsam.

Bei jeder Bewegung ist es der Energiekörper, der Vitalkörper, der sich bewegt und den physischen Körper mit sich nimmt. Bei unserer Unterweisung auf dieser Ebene wird die Betonung also nicht auf die Haltung oder auf die physische Struktur gelegt, sondern auf dieses Körpergefühl. Wenn der Vitalkörper wach ist, entspannt sich die gesamte Muskelstruktur, und eine Neu-Orchestrierung der Energie findet statt. Die Sinne sind nicht mehr auf ihr jeweiliges physisches Organ begrenzt, sondern dehnen sich auf den ganzen Körper aus. Alle Sinne nehmen an dieser umfassenden Empfindung teil. Leben Sie in dieser Expansion, so bringt Sie das automatisch über die Idee hinaus, ein gesondertes Wesen zu sein. Die Arbeit mit dem Körper ist ein Weg, Sie zur Einheit mit allen Wesen zu bringen.

Was geschieht beim Tode des physischen Körpers mit dem Energiekörper?
Er löst sich in der Universalenergie auf.

Ist der Astralkörper dasselbe wie der Energiekörper? Welcher Körper reist, wenn wir träumen?
Der Astralkörper gehört der Psyche an, der Energiekörper den Sinnen. Der Astralkörper stellt eine noch feinere Energie dar. Im Traum nimmt der Astralkörper den Energiekörper mit sich, um sich auszudrücken. Die Beschäftigung mit dem Astralkörper ist jedoch Flucht vor der wesentlichen Frage: «Wer bin ich?» Lassen Sie sich nicht von Zuständen verführen. Ihr wahres Wesen ist kein Zustand.

Ich fühle, daß ich verstehe, was Sie sagen. Später handle ich dann dennoch nach einem individuellen Gesichtspunkt. Geht es nur darum, auf die Klarheit zu warten?
Sie sollten im täglichen Leben Ihrem Verständnis gemäß handeln, das ist sehr wichtig. Machen Sie sich im nachhinein klar, ob Sie mechanisch gehandelt haben. Wenn Sie erst einmal mehrmals festgestellt haben, daß Sie auf eine gewisse Weise reagiert haben, werden Sie sich langsam beim Reagieren ertappen, und eine Zeit wird kommen, das kann ich Ihnen versichern, wo Sie schon *vor* dem Reagieren achtsam sein werden. Qualifizieren Sie also Ihre Handlungen nicht, und verurteilen Sie sich nicht selbst. Feststellen allein genügt. Wenn Sie Ihr Handeln klar sehen, haben Sie Kohlen aus dem Feuer gezogen. Sie haben die verfestigte Energie aufgelöst, die Ihr Reaktionsmuster aufrechterhält. Indem Sie einfach wach und aufnahmebereit sind, leben Sie bereits in Ihrer Fülle.

Woran läßt sich eine zunehmende Reife in meiner Lebensweise ablesen?
Sie werden sich immer freier von Widerstand und Widerspruch fühlen. Wenn Sie im Alltag in einen Widerstreit geraten und darin steckenbleiben, können Sie dies als Mangel an Reife bezeichnen. Aber eine Krise, die Sie ohne jegliches Bezugszentrum läßt, so daß Sie weder ein noch aus wissen, ist etwas Wundervolles. Dann haben Sie das Gefühl, daß alles, was Sie in Ihrem Leben bisher unternommen haben, unnütz ist, daß es keinen Ausweg gibt. Das bringt Sie zur Verzweiflung.

Nun sind Sie gezwungen, sich der Sache wirklich zu stellen. Dabei kommen Sie zu einem Warten in Offenheit. Anders gesagt: Der Akzent liegt nicht mehr auf der Krise, sondern darauf, wie Sie sich ihr zu stellen haben. Sie leben dann im Unbewegten selbst. Das stellt eine andere Ebene des Begreifens dar, einen Reifungssprung. Erst wenn dieses Umschalten vom Objekt, der Situation, zum Subjekt, dem Willkommenheißen, stattfindet, ist wahre Reife möglich. Reife ergibt sich nicht aus einer Anhäufung von Wissen, Erfahrungen, Systemen, Ideen, Konzepten. Sie kommt, wenn Sie nicht mehr weitergehen können und springen müssen. Ihr ganzes Sein wird in diesem Sprung berührt, und Klarheit erhebt sich. Es kann mehrere solcher Sprünge geben, aber es müssen nicht mehrere sein – einer kann genügen.

Wie kommt es, daß ich mich durch Gedanken und Gefühle verwirrter fühle als früher, zugleich aber viel klarer orientiert?
Wenn Sie einen Felsen in einen aufgewühlten See werfen, werden Sie die dadurch produzierten Wellen nicht sehen können. Werfen Sie jedoch einen Kieselstein in einen ruhigen See, sind alle Wellenbewegungen klar ersichtlich.

Ich fühle mich in einer Art Niemandsland. Da ich weiß, daß ich nicht das Objekt bin, habe ich keine Lust, weiterhin zu forschen, und zugleich empfinde ich, daß ich mit dem Forschen fortfahren muß, damit das Feuer der Suche nicht erlischt.
Dieses Gefühl von Machtlosigkeit, in dem Sie sich unfähig fühlen, sich in irgendeiner Richtung zu bewegen, tritt auf, wenn das Objekt seinen Anreiz verloren hat.

Wenn Sie diesen Augenblick voll erleben, werden Sie sich in einer neuen Dimension finden, wo der Akzent mehr auf der Ruhe in der Handlung, als auf der Handlung selbst liegt. Das Gefühl, eher «hinter» der Handlung zu stehen als in sie verstrickt zu sein, beinhaltet Freude. «Dahinter-Stehen» ist allerdings kein ganz treffender Ausdruck, denn das würde eine Haltung der losgelösten Beobachtung bedeuten, und das ist, wie ich schon sagte, nicht, was ich meine. Diese Loslösung ist eine Geistestätigkeit, während es in der Stille mitten im Handeln keinen Raum für eine psychologische Distanz gibt. Es ist wichtig, daß Sie Ihrem Verstehen gemäß leben. Sobald Sie die Muster durchschaut haben, bleiben Sie wachsam und fallen nicht mehr in die alten Geleise zurück.

Es gab schon mal eine Zeit, wo ich mich ohne Gedanken, ohne Körper, ohne Kopf fühlte. Weshalb dauert dieser Zustand nicht an?
Dieses Beobachten in Abwesenheit von Gedanken ist noch eine Funktion des Geistes in seiner subtilsten Form. Der Reflex, sich mit den Phänomenen zu identifizieren, besteht weiter. Der Nicht-Zustand, Ihr wahres Wesen, hat nichts mit Abwesenheit oder Anwesenheit von Phänomenen zu tun.

Ich war einmal in dem angesprochenen Nicht-Zustand. Was kann man tun, damit er dauerhaft ist? Ich stelle fest, daß ich versuche, die Umstände, unter denen er auftrat, wieder herzustellen.
Wenn Sie einmal diese Nicht-Erfahrung hatten, können Sie sie auch jetzt haben, aber das hat nichts mit dem Gedächtnis zu tun. Sie können sie nicht *wiederholen*.

Alles, was Sie tun können, ist, im Alltag festzustellen, daß es Momente gibt, in welchen Sie *nicht* erfahren – etwa wenn Sie überrascht sind oder wenn ein Wunsch erfüllt, eine Handlung vollbracht, ein Gedanke vollendet ist, und auch in dem Augenblick, der dem Einschlafen oder dem Erwachen des Körpers vorausgeht. Es genügt, diese Momente zu kennen, dann werden diese Sie ganz von selbst suchen.

Es kann geschehen, daß wir dann plötzlich in unserem ganzen Sein erschüttert werden. Wenn der Körper-Geist nicht bereit ist, macht er eine Erfahrung aus der Nicht-Erfahrung. Das Ego, das sich in seiner Existenz bedroht fühlt, macht aus diesem Augenblick einen Zustand. Deshalb muß der Geist informiert und der Körper bereit sein. Sonst reihen Sie den zeitlosen Moment in den Rahmen des Gedächtnisses ein und versuchen nachher, ihn zu wiederholen. Wenn Sie Ihren Nicht-Zustand einmal kennen, geht es nur darum, einfach zu sehen, wie Sie wieder in die alten Muster zurückfallen.

Wenn also jemand geistig und körperlich nicht bereit ist, bleibt es zufällig. Was bedeutet «bereit sein»?
Sie müssen die Kunst des Aufgebens auf allen Ebenen erlernen. Empfangen ist wissentliches Aufgeben. Es ist wichtig, daß Sie sich auf der phänomenalen Ebene aufgeben, hingeben können. Das heißt, daß der Geist seine Grenzen kennen und der Körper von seinen gewohnten Verhaltensmustern, von Spannungen, Verhärtungen frei sein muß. Dann gibt es Offenheit auf allen Ebenen der psycho-physiologischen Struktur. Wenn dann die Einsicht aufblitzt, werden Sie spontan von ihr gesättigt. Sie findet keine Lokalisierung.

Man muß also das tiefe Verlangen, die Bereitschaft und die Fähigkeit haben, völlig loszulassen. Sonst lassen uns die verbleibenden Muster in die alten Gewohnheiten zurückfallen, oder die alltäglichen Beschäftigungen reißen uns mit.
Sie müssen die Kunst des Umsetzens erforschen. Es braucht vollkommene Empfänglichkeit, um das Verstandene im täglichen Leben umsetzen zu können. Wenn Sie mit diesem Umsetzen, mit diesem Loslassen vertraut geworden sind, dann werden Sie nicht zurückschrecken, sondern sich total einnehmen lassen, wenn es auf der phänomenalen Ebene zu einer plötzlichen Richtigstellung kommt. Geben Sie sich Zeit, sich völlig durchdringen zu lassen.

Besteht die Rolle des Lehrers darin, uns bei diesem Loslassen zu helfen?
Ja. Der Lehrer zeigt, wie Sie zum Loslassen kommen und zu einem Meister des Umsetzens werden können. Alles Lehren wendet sich jedoch an den Geist. Es darf keinen Ehrgeiz geben, keine Absicht, irgend etwas zu erringen. Bevor es zu der Einsicht kommt, die wir Erleuchtung nennen, ist also eine physische Vorbereitung notwendig wie auch ein Leben in Offenheit und einer großen psychophysischen Aufnahmebereitschaft. Dann wird die Einsicht spontan in das tägliche Leben umgesetzt. Meine Frage lautet: Weshalb scheint intellektuelle Klarheit für die meisten Menschen der richtigen Lebensweise vorauszueilen? Weshalb sind wir nicht dazu fähig, das Verstandene in die Praxis umzusetzen? Ich muß oft an den Ausruf des hl. Augustin denken: «Herr, gib mir Keuschheit, aber gib sie mir nicht gleich!»

Umsetzen ist eine Kunst. Man muß Künstler sein. Das Umsetzen des Verstandenen ins tägliche Leben verunsichert die Person. Beim Umsetzen gibt es ein Durchgangsstadium, in dem das «Ich» keinen Halt findet, da wir hier forschend, lauschend, offen sein müssen. Die meisten Menschen verbleiben lieber in der Unsicherheit, als daß sie das Ego völlig sterben lassen. Diese Durchgangsphase ist für die Überreste der Person schmerzhaft, und die meisten Menschen weichen ihr aus. Ist die Umsetzung vollbracht, gibt es kein Ego mehr, das sich ängstigen könnte.

Eine praktische Frage: Soll das von Ihnen unterrichtete Körpertraining uns zur Kunst des Loslassens bringen?
Ja. Nur darum geht es. In diesem Loslassen machen Körper und Geist die Erfahrung der räumlichen Expansion, und das läßt ein Vorgefühl der Wirklichkeit Ihrer Totalität aufkommen.

Sie sagen oft, daß wir mit der Tatsache des Sterbens vertraut werden müssen. Ist dies gleichbedeutend mit dem Aufgeben oder Loslassen? Denken Sie nicht, daß viele Menschen dies bis zum Augenblick des wirklichen Sterbens aufschieben?
Ja. Dann ist es aber notwendig, daß Ihnen ein erweckter Mensch hilft, den Schritt des Loslassens zu vollziehen. Dies sollte die Rolle des Priesters anläßlich des letzten Sakramentes sein.

Beim Sterben geht es um das gleiche wie beim Einschlafen. Beim Einschlafen können Sie das bewußte Loslassen lernen – bei der Auflösung dessen, was geboren worden ist, geschieht dasselbe. Sie sollten auf das natürliche Loslassen vor dem Einschlafen achten. Werden Sie zuerst damit vertraut; in der Folge werden Sie sich auch im Wachzustand wissentlich loslassen können.

Dies ist die wirkliche Bedeutung des Wortes Tod. Dies ist der wahre Sinn des Wortes Opfer.

Morgens, vor dem Erwachen des Körpers, gibt es manchmal einen Augenblick, wo ich mich bereits wach fühle. Ist dies das besprochene Gewahrsein unseres wahren Wesens hinter allem Funktionieren?
Ja. Dieser Augenblick ist von dem angesprochenen Loslassen vor dem Einschlafen abhängig.

Wie kann dieser kurze Augenblick andauern?
Wenn Sie sich nicht in den Aktivitäten verlieren, werden Sie feststellen, daß der ganze Morgen auf diesem Augenblick gründet. Sie üben Ihre Tätigkeiten aus, stehen jedoch dahinter; Sie kleben nicht an ihnen fest. Sie sollten augenblicklich, während es geschieht, sehen, wie Sie sich erneut mit dem Körper-Geist identifizieren, sobald er aufwacht. Sie sollten den Moment, bevor Sie sich damit identifizieren, nicht als Abwesenheit von Aktivität objektivieren. Ihr ewiges Sein, Bewußtsein, ist das Licht, das jede Tätigkeit, jede Wahrnehmung erhellt.

Gibt es ein ähnliches, objektfreies Erwachen nach dem großen Schlaf, dem Tod, wenn man vorher die Reste der individuellen Person aufgegeben hat?
Ja. Dieses objektfreie Erwachen nach dem Tod, dieses Bewußtsein ist dasselbe im Augenblick, der dem Erwachen des Körpers vorangeht. Alles erscheint

im Bewußtsein, das weder von Geburt noch Tod berührt wird. Es gibt keinen Augenblick ohne Bewußtsein; folglich besteht das Bewußtsein nach dem Tod weiter.

So erwacht also der, dessen Person während seiner Existenz gestorben ist, zum Bewußtsein. Wie ist es mit den anderen?
Alles ist im Bewußtsein, man kann jedoch, wie bereits gesagt, im Bewußtsein wach sein oder auch nicht. Die meisten Menschen sind nach dem Tode passiv im Bewußtsein. Es geht darum, wissentlich Bewußtsein zu sein: Bewußtsein, das seiner selbst bewußt ist. Dazu kann es nur vor dem Tod kommen. Da die meisten Menschen sich selbst bloß als Objekt und nicht als Bewußtsein kennen, lösen sich nur wenige nach dem Tode in Bewußtsein auf, das sich selbst kennt. Bewußtsein, das sich selbst kennt, ist erfüllt und hält nicht nach einer weiteren Ausdrucksmöglichkeit Ausschau.

Die manifestierte Welt ist also Ausdruck des Bewußtseins, das sich noch nicht kennt?
Genau. Ihr wahres Wesen ist Bewußtsein, das um sich selbst weiß. Das ist höchste Erfüllung.

Was Sie sagen, hört sich sehr schön an. Wie ist solches Wissen aber möglich, wenn man den körperlichen Tod noch nicht erlebt hat? Welchen Beweis können Sie mir geben, daß Sie wirklich wissen, was das Leben nach dem Tod ist?
Bewußtheit, Gegenwärtigkeit des Lebens, ist vor dem Aufwachen des Körpers da. Sie existiert vor dem Denken. Sie ist, was Sie ewig sind. Sie ist stilles Gewahr-

sein, namenlos, formlos, eigenschaftslos, manifestiert sich jedoch in allen Namen und in allen Formen. Viele der Wandlungen, die der Körper und die Vitalkraft als zeitliche Ausdrücke des Bewußtseins durchmachen, sind hypothetischer Natur. An dem, was Sie in Wirklichkeit sind und was dauerhaft ist, ist nichts Hypothetisches. Bewußtsein ist sich selbst Beweis, ohne Objekt und ohne Zeuge. Wenn Sie wissentlich leben, gibt es keinen Tod.

*In Abwesenheit eines Denkers ist das Denken
von allem Persönlichen frei. Da gibt es kein Ziel,
kein Motiv, keine Erwartung, keine Absicht.*

Die Natur des Denkens

Unser wahres Wesen ist Stille, die keiner Ergänzung bedarf. Sie ist Gegenwärtigkeit ohne Werden. In Abwesenheit von Werden herrschen Fülle und absolute Ruhe. Diese Stille ist Urgrund jeder Tätigkeit. Denken gründet wie jede andere Aktivität auf der Ganzheit. Stille ist das Kontinuum, in welchem das Denken erscheint und erlischt. Was erscheint und wieder verschwindet, ist in Bewegung, ist über Raum und Zeit erstreckte Energie. Das Denken, Energie, stellt sich als diskontinuierlich dar; da es sich aus der Stille erhebt und in diese zurücksinkt, ist es grundsätzlich nichts anderes als diese Gegenwärtigkeit jenseits von Vergangenheit, Gegenwart und Zukunft.

Was wir allgemein «Denken» nennen, ist ein Gedächtnisprozeß. Es ist eine auf dem bereits Bekannten aufbauende Projektion. Alles Existierende, alles Wahrgenommene stellt sich dem Geist dar. Diskursives Denken, das rationale oder wissenschaftliche Denken, beginnt mit einem Bruchstück, mit einer Repräsentation. Solch bruchstückhaftes Denken entsteht aus der konditionierten Idee, wir seien unabhängige Wesenheiten,

«Selbste», «Personen». Die Vorstellung, jemand zu sein, bestimmt alle anderen Gedanken, weil die Person allein durch Wiederholung von Repräsentationen – durch Bestätigung des bereits Bekannten – existieren kann.

Das Gehirn tendiert zu dauernder Repräsentation. Das Gedächtnis ist Urheber der Idee, eine dauerhafte Wesenheit zu sein. Aus höchster Sicht wehren wir uns mit dem Denken gegen den Tod des Ego. Wer sind Sie, wenn Sie nicht denken? Wo sind Sie, wenn Sie vom Denken absehen? Allgemein ist das Denken Flucht vor Ihrer Ganzheit, in welcher es niemanden gibt, der denkt.

Wenn die eingefleischte Idee einer persönlichen Wesenheit, eines Denkers, eines Tuers, eines etwas beabsichtigenden Jemand abwesend ist, funktioniert das Denken wie vorher diskursiv unter Rückgriff auf das Gedächtnis. Doch dieses Funktionieren ist jetzt tief im globalen Hintergrund, in der Totalität, der «Istigkeit», in der Nicht-Zweiheit verwurzelt. In Abwesenheit eines Denkers ist das Denken von allem Persönlichen frei. Da gibt es kein Ziel, kein Motiv, keine Erwartung, keine Absicht, keinen Willen dazu oder Wunsch danach, etwas zu vollenden. Da gibt es keine Einmischung des Gemüts, kein Bezugnehmen auf ein Zentrum. Vom Gedächtnis befreites Denken entsteht aus dem Augenblick selbst, es ist immer neu, immer ursprünglich. Hier produziert nicht das Denken die Situation, die Situation bringt das Denken hervor und auch ihre eigene Lösung mit. Jede vorsätzliche, bruchstückhafte Bewegung muß enden, bevor die Ganzheit wirken kann. Solange es eine gerichtete Bewegung gibt, kann die Ganzheit den ihr eigenen Weg nicht finden. Wenn das wissenschaftliche oder rationale Denken in der Gegenwärtigkeit wurzelt, kommt es zu völlig anderen Ergebnissen. Es kann dann niemals monströs sein.

Vom Gedächtnis befreites Denken ist wahrhaft schöpferisch. Jeder Gedanke ist eine Explosion in die Manifestation und eine Implosion zurück in die Stille. Das Verlangen, offenbart und verhüllt zu werden, ist der Kosmische Tanz – motivloses Spiel aus reiner Freude am Spielen. Alles andere Verlangen ist bloß Verfälschung und unbewußtes Sehnen nach diesem wahren, höchsten Verlangen. Dieses göttliche Spiel ist die Essenz des Denkens. Schöpferisches Denken beginnt nie mit dem bereits Bekannten, mit einer Repräsentation. Es entsteht und stirbt in der Offenheit und benutzt die Gedächtnisfunktion nur, um sich auszudrücken. Wo es keinen Denker gibt, da ist nur ein Kanal für die Denkfunktion. In diesem Funktionieren ist jede Repräsentation bewußt begründet. Wenn die Gegenwärtigkeit im Denken erhalten bleibt, wird der Name nicht von der Form abgelöst, wie beim mechanischen Denken, welches begrifflich und abstrakt ist. Kreatives «Denken» ist freudiger Ausdruck des Seins.

Weil wir uns für getrennte Wesenheiten halten, haben wir unser «Zuhause» vergessen und uns mit einer Idee, einer Projektion von Individualität identifiziert. Nicht die endlosen Ausdrucksformen der Stille sind es, die Probleme schaffen oder Komplikationen bringen, sondern unser Vergessen der Quelle jeglichen Ausdrucks. Diese Absonderung von unserem wahren Wesen bringt uns zu einer verfälschten Lebensweise. Wir lassen nicht zu, daß der Ausdruck sich auflöst, sondern kristallisieren ihn, um uns dann mit dieser Kristallisierung zu identifizieren – uns in sie zu verlieren. Diese Vergegenständlichung schafft, was wir «Welt» nennen. Wir halten die Existenz für das Leben selbst. Das Leben hat jedoch weder Beginn noch Ende. Wahres Leben ist ein Spiel, objektlose Freude.

Wie kann ich vom absichtlichen Denken zum kreativen Denken gelangen?
Ein in Stille gründender Geist ist immer schöpferisch. Er ist immer neu, frei von der Vergangenheit. Er ist eine auf natürliche Weise stille Aufmerksamkeit, die alles willkommen heißt, was vom Körper, den Sinnen und von der Einbildungskraft kommt. Da heraus kann sich plötzlich etwas zeigen, kann spontan in Zeit und Raum zum Ausdruck kommen, was wir in Wirklichkeit sind. Alle die Manifestationen sind freudiger Ausdruck auf der Ebene der Existenz und verweisen auf den Urgrund, die Stille.

Nur in unserer Offenheit, in unserer empfänglichen Natur, die keine Einstellung ist, kann Kreativität aufkommen. Willkommen heißende Wachheit erhebt sich spontan, sobald die Vorstellung eines Bezugszentrums, eines «Jemand», der willkommen heißt, der denkt, mag oder nicht mag, abwesend ist. Dann ist der Geist von den Grenzen des diskursiven Denkens befreit, und die Sinne, die Vorstellungskraft und ungeteilte Intelligenz können in unserer unbedingten Aufmerksamkeit ins Spiel kommen. Da hier kein kontrollierender Agent vorhanden ist, werden die raumzeitlichen Grenzen aufgehoben, und eine Gleichzeitigkeit der Schau wird möglich. Natürlich wird diese globale Schau später in

Zeit und Raum verwirklicht. Alle großen Kunstwerke entstehen auf diese Weise.

Existiert nicht eine Brücke zwischen dem noch Unbekannten und dessen Formulierung, bevor das schöpferische Denken im Raumzeitlichen erscheint? Das Unbekannte scheint auf dem Weg zu seinem Ausdruck durch archetypische Symbole hindurchzugehen.
Ja. Diese Archetypen verbinden Unbekanntes mit universal Bekanntem. Sie sind noch nicht bloße Gehirnfunktionen, sondern ihre Dynamik stammt aus der Totalität.

Ist diese Verwirklichung in Zeit und Raum noch spontan, oder gehört sie dem Gedächtnis an?
Wenn Sie im Hintergrund – im Bewußtsein – leben, erhebt sich das Denken als sein Ausdruck in Raum und Zeit, als funktionelles Bewußtsein. Es kommt aus der Stille, gehört aber niemandem an. Es gibt keinen Handelnden, nur die Handlung. Lebt man im Bewußtsein, so wird das funktionelle Gedächtnis zwar benutzt, aber man ist dabei psychologisch nicht involviert. Eine spontan auftretende umfassende Einsicht läßt eine Art Echo zurück. Für den Künstler ist dies die Schau, die den steten Hintergrund seines Schaffens in Zeit und Raum darstellt. Der Wahrheitssucher lebt analog jederzeit mit dem Echo seines wahren Wesens.

Sie haben gesagt, daß Gedanken erscheinen und verschwinden; mein Denken scheint jedoch fortwährend zu kreisen.
Vergessen Sie nicht, daß der Geist nur ein Instrument ist. Wenn wir unsere Beine nicht benötigen, benutzen

wir sie nicht. Lassen Sie den Geist ebenso ruhen, wenn Sie ihn nicht brauchen. Was wir Denken nennen, ist meistens entweder mechanisches Reagieren auf einen projizierten Reiz oder aber Vorsatz und Berechnung. Es ist eine unbewußte oder bewußte Aufblähung des Selbstbildes: psychologisches Anschaffen. Das können Sie bereits bei noch recht kleinen Kindern feststellen, die vom Werden träumen. Solche Träume wurzeln in der Gesellschaft und werden von ihr genährt. Heute dreht sich alles ums Werden. Im Werden ist man für den Augenblick, die aktuellen Tatsachen, nie gegenwärtig. Das «Ich» reicht in die Vergangenheit zurück und schafft eine Zukunft, die auf das bereits Bekannte aufbaut. Alles Werden ist eindimensional, auf die Horizontale beschränkt.

Ist das, was Sie «das göttliche Spiel» nennen, nicht auch ein Werdeprozeß?
Das göttliche Spiel kommt aus der Vollkommenheit. Da gibt es nichts zu vollenden, daher ist es, strenggenommen, kein Werden, denn es verläßt die Totalität nie. Gegenwärtigkeit ist immer da. Es ist Leben, welches mit sich selbst spielt, Ausdruck aus Freude am Ausdruck. Da gibt es keinen Agenten. In dem uns geläufigen Werden ist die Gegenwärtigkeit jedoch verhüllt. Da sind Sie mit dem Ausdruck identifiziert, nicht mit dessen Quelle. Was im Grunde wirklich ist, haben Sie illusorisch werden lassen. Dennoch gibt es nichts zu ändern, nichts, das aufzugeben wäre. Sie müssen sich nur mit der Quelle der Welt identifizieren, nicht mit deren Spielzeugen, mit dem Reiche der sogenannten Objekte.

Was bedeutet «im Grunde wirklich»?
Das, was *an sich* existiert, braucht keinen Agenten, ist autonom.

Ist diese autonome Wirklichkeit das, was Sie auch Gegenwärtigkeit, Stille, Urgrund, Bewußtsein usw. nennen?
Ja. Was bleibt übrig, wenn Sie alle Wahrnehmungen, Vorstellungen und deren Agenten beiseite lassen? Sie können es nennen, wie Sie wollen, Nicht-Sein oder Sein, Höchstes Subjekt, Shūnyatā, Nirvāna. Es ist keine Idee. Es ist Stille ohne jemanden, der still ist. Es hat mit der Gegenwart oder Abwesenheit von Objekten nichts zu tun. Was existiert, ist in ihm und verweist deshalb darauf, aber es ist nicht in der Existenz.

Wie kann ich mein Mit-den-Objekten-identifiziert-Sein verwandeln in ein Identifiziertsein mit diesem Bewußtsein, auf welches die Gegenstände verweisen?
Erkennen Sie, daß die Existenz nur *ist*, weil Sie sind. Sie haben sich aber fälschlicherweise für ein Subjekt, eine unabhängige Wesenheit gehalten. Dieses Subjekt ist aber noch ein Objekt, etwas, das wahrgenommen werden kann. In Wirklichkeit gibt es keine Objekte – diese sind Produkte des Geistes. Sehen Sie ein, daß Sie mit einem Geistesprodukt identifiziert sind. Alles, was Sie zu verstehen suchen, kommt über das bereits Bekannte. Echtes Verstehen bedeutet, Verständnis zu *sein*, und dazu kommt es plötzlich, wenn Sie lauschen, ohne Schlüsse zu ziehen. Vergegenständlichen Sie das Symbol nicht, lassen Sie zu, daß es sich in Ihrer Offenheit entfaltet. Leben Sie mit dem, was es Ihnen von früh bis spät mitteilt, und so werden Sie eines Tages von Ihrer

Totalität ergriffen werden. Alle sogenannten Objekte existieren einzig, um Sie zu dem, was Sie sind, zurückzubringen. Wahrheit findet sich nicht in Worten, sondern in dem, worauf sie verweisen, genauso wie das Wort «Salz» nicht salzig ist.

Wenn Sie sagen, Wahrheit sei das, worauf die Worte verweisen, meinen Sie mit «Wahrheit» dann Bewußtsein, Stille, unser Sein oder das, was «im Grunde wirklich ist»?
Es gibt *viele* Tatsachen, jedoch nur *eine* Wahrheit. Tatsachen können dem Geiste bekannt sein, so wie wir wissen, daß 2 + 2 = 4 oder daß die Sonne am Himmel steht. Das gewöhnliche Denkvermögen kann aber nie mehr verstehen als einfache Tatsachen. Das Kleinere kann das Größere niemals begreifen. Weil das Weniger dem Mehr angehört, kann der Geist ein Vorgefühl des Ganzen haben, aber erst wenn er seine Grenzen sieht und seinen Zugriff auf das Erscheinen der Phänomene lockert, kann das, was jenseits der Ansammlung kennbarer Fakten liegt – das All-Mögliche –, sich zeigen. Wenn die Kontrolle des Geistes nachläßt, wird der ganze Körper zu einem Empfangsorgan. Dann wird alles, was erscheint, global gefühlt, ohne vom Denken begrenzt zu werden. Wahrheit liegt nicht im Bereiche des Wissens als Besitz, sondern des Wissens als Sein. Es ist direktes Wahrnehmen der wesentlichen Natur alles Existierenden.

Das Wort Wahrheit wird entwertet, wenn es als Bezeichnung einer Tatsache verwendet wird. Tatsachen können bewiesen werden, für die Wahrheit gibt es jedoch keine Argumente. Sie beweist sich selbst. Alles Wahrgenommene ist Ausdruck der Wahrheit. Alles gründet in der Wahrheit, und wenn wir die Wahrheit nicht kennen, können wir auch ihren Ausdruck nicht erkennen. Nichts ist autonom und in diesem Sinne wirklich, außer der Wahrheit. Nicht-Wahrheit ist alles, was kein autonomes Sein hat, alles, was davon abhängt, daß ein Kenner es erkennt. Wenn der Kenner sich selbst in Wahrheit, im Bewußtsein, erkennt, dann gründet auch alle Wahrnehmung spontan im Bewußtsein.

Sie sagen oft, man könne nur einen einzigen Gedanken auf einmal haben, und auch, Bewußtheit und ihr Objekt seien eins. Wollen Sie dies erläutern?
Unser Gehirn funktioniert normalerweise auf eine Art, die in einem bestimmten Moment nur einen Gedanken zuläßt. Sie können niemals gleichzeitig zwei Gedanken oder Wahrnehmungen haben. Sie könnten einwenden, es sei Ihnen durchaus möglich, etwa eine Mahlzeit zuzubereiten und gleichzeitig zu denken, wie hungrig Sie sind. Sicher gibt es Tausende motorischer Reflexe, die gleichzeitig in uns ablaufen, Sie können aber unmöglich zwei Gedanken bewußt gleichzeitig haben oder zwei Handlungen bewußt im selben Augenblick ausführen. Sie können sehr schnell aufeinanderfolgen, aber die scheinbare Gleichzeitigkeit ist nur dem Gedächtnis zu verdanken. Ein Objekt und ein Subjekt, eine Ursache und eine Wirkung können nicht im selben Augenblick existieren. Vergangenheit, Gegenwart und Zukunft, Raum und Zeit sind ebenso gedächtnisbedingt. Im Alltag herrscht scheinbar Dualität, weil das Gehirn derart funktioniert, alles Funktionieren erscheint jedoch in Nicht-Zweiheit.

Wir erleben aber außergewöhnliche Momente, in

welchen wir über das gewöhnliche Denken hinausgehen. Eine zeitlose Gleichzeitigkeit, die unser wahres Sein ist, kann plötzlich aufblitzen. Großen Künstlern und Wissenschaftlern sind diese Momente, in welchen der Ego-Reflex aussetzt und das Gehirn spontan in die globale Intelligenz integriert ist, vertraut.

Sie sagen, unser natürlicher Zustand, Bewußtsein, sei hinter jeder Funktion. Sie sagen auch, im Alltagsleben erscheine die Zweiheit im nicht-dualen Sein. Gibt es noch eine andere Bewußtseinsebene, welcher wir uns in unseren alltäglichen Tätigkeiten bedienen?
Das Bewußtsein *ist* einfach. Es gibt keinen Bezugspunkt, wie könnte es also Ebenen geben? Machen Sie sich klar, daß das, was gemeinhin Bewußtsein genannt wird, immer auf etwas bezogen ist: «Bewußtsein von». «Bewußtsein von» ist funktionales Bewußtsein. Es gehört allein dem Moment an, und da es ein Ausfluß des reinen Bewußtseins ist, ist es immer völlig angemessen. Unsere heutige Psychologie kann das, was wir als «reines Bewußtsein» bezeichnen, unmöglich erfassen. Das Intervall zwischen zwei Gedanken oder zwei Zuständen stellt für sie nur die Abwesenheit von etwas dar. Wenn Sie jedoch von Abwesenheit sprechen, muß es einen Kenner dieser Abwesenheit geben. Der Kenner ist Bewußtsein. Bewußtsein ist also kontinuierlich. Alles Wahrgenommene erscheint und erlischt im Bewußtsein, ist Ausdruck, Verlängerung des Bewußtseins.

Wie kann ich das Bewußtsein, das von der Bezugnahme auf Objekte frei ist, kennenlernen?

Achten Sie stärker auf jenen Moment, in welchem ein Gedanke oder eine Handlung aufhört. Gehen Sie völlig ein in diesen Augenblick. Sie werden dann fühlen, wie das Ego nach neuen Gedanken Ausschau hält, um seine Existenz aufrechtzuerhalten. Es kann ohne den Treibstoff der Subjekt-Objekt-Beziehung nicht überleben.

Wenn Sie von der Vorstellung eines «Ich» frei sind, ist Ihr Denken ein nur gelegentlich zur Anwendung kommendes Instrument. Wenn es nicht erforderlich ist zu denken, denken Sie nicht. Unablässiges Denken ist nichts anderes als Verteidigung, die Trutzburg des Ego. Gewöhnen Sie sich im täglichen Leben daran, die Situationen ohne Einmischung des «Ich» und seiner Wünsche, Abneigungen, Widerstände und Neigungen zu betrachten. Halten Sie an diesem motivlosen Schauen fest, und Sie werden entdecken, wie Beobachter und beobachtetes Objekt verschwinden, sobald ihnen keine Nahrung mehr zugeführt wird. Da werden Sie im Schauen selbst sein. Dieses einfache Schauen – befreit von dem, der tut, und von dem, was getan wird – ist zeitloses Bewußtsein, der Hintergrund aller Tätigkeiten.

Ich bin mir im Alltagsleben solcher tätigkeitsfreier Augenblicke bewußt, verliere sie aber nachher wieder.
Im Alltag sind Sie gewohnt, die Betonung auf die objektive Seite zu legen, und so bringt Sie dieser Reflex des Vergegenständlichens aus Gewohnheit dazu, in Abwesenheit von Objekten deren Anwesenheit zu betonen. Sie sind noch ans Objekt, an die Wahrnehmung gebunden. Nehmen wir eine Analogie: Sie haben jahrelang in einem Raum gelebt, an dessen Wand ein Bild

hing. Eines Tages nehmen Sie es zur Reinigung von der Wand. Was hindert Sie nachher bei jedem Eintreten in den Raum daran, die Wand selbst zu sehen? Die Abwesenheit des Bildes. Sie können jedoch nur um die Abwesenheit wissen, weil *Sie* anwesend sind. Die Abwesenheit bezieht sich auf Ihre Anwesenheit. Erforschen Sie also, was hinter der Abwesenheit ist.

Eine ungeheure Wachsamkeit scheint erforderlich zu sein, damit dieses Schauen, dieses Erforschen, aufrechterhalten wird und nicht durch zweitrangige Faktoren wie Gefühle, Zustände und Gedanken gefangengenommen wird.
Ja. Wachheit erfordert jedoch keine Anstrengung. Sie müssen die Tatsache, daß der natürliche Zustand des Gehirns Aufmerksamkeit, Wachheit ist, akzeptieren und sich in diesem Akzeptieren entspannen. Das wird Sie in eine neue Dimension bringen.

Seien Sie wie ein Raubtier, ganz und gar wachsam ohne Bezugnahme auf irgendeine vergangene oder zukünftige Selbstvorstellung. Der natürliche Körper ist wach wie ein Panther. Wachheit ist keine Handlung, sie ist ein Empfangen.

Würden Sie den Unterschied zwischen Sein und Existenz erläutern?
Sein, reines Bewußtsein, ist außerhalb der Kategorien von Zeit und Raum, ebenso wie wir vom Unendlichen nicht in Begriffen von «innen» und «außen» sprechen können. Existenz ist sich ohne Ursache, ohne Grund vergegenständlichendes Bewußtsein. Sie ist in Raum und Zeit ausgebreitete oder aktualisierte Energie. Wir könnten sagen, daß funktionales Bewußtsein das Bin-

deglied zwischen Sein und Existenz ist. Es ist ruhende potentielle Energie.

Ihr wahres Wesen ist vor jeder Funktion. Sie sind das Licht, welches die Funktion erst möglich macht. Alles, was existiert, ist in Ihnen. Nichts ist außen. Wenn Sie hier sitzen, ist der Boden in China, Paris und in Benares davon betroffen. Sie sind Krieg, und Sie sind Frieden.

Welche Beziehung besteht zwischen Denken und Existenz?
Existenz ist, bevor Sie sie benennen, bevor Sie sie denken. Sie wird von Augenblick zu Augenblick hervorgerufen, wenn Sie sie wahrnehmen. Alles, was wahrgenommen wird, ist Existenz. Ohne Wahrnehmenden kann es keine Existenz geben.

Ist dies nicht philosophischer Idealismus?
Keineswegs. Das Wahrgenommene ist im Wahrnehmen, aber das Wahrnehmen ist nicht im Wahrgenommenen. Der Wahrnehmende ist nicht Fragment, Geist, sondern Totalität. Also ist das Wahrgenommene potentiell bereits im Wahrnehmer, im Ganzen. Es ist nicht so, daß es keine Existenz gibt. Nur ist das, was wir Existenz nennen, nicht *reine* Existenz, denn Existenz ist im globalen Sein. Wir können die Existenz nur kennen, wenn wir das globale Sein kennen. Weil die Physik das Wahrgenommene, den Teil, betont und nicht den Wahrnehmer, das Ganze, kann sie die Natur der Existenz nicht vollständig verstehen. Reine Existenz entsteht in Ihrer Stille und stirbt in Ihrer Stille – in jedem Augenblick. Was Sie dauerhafte Existenz, Schöpfung, nennen, ist ein Gedanke, eine Konvention, ein «gentlemens' agreement».

Was kann einen dazu bringen, sich mehr für den globalen Wahrnehmer als für das Wahrgenommene zu interessieren?
Wenn Sie erkennen, daß die Schöpfung nicht von Dauer ist und daß alles in jedem Augenblick in Ihrer Gegenwärtigkeit geboren wird und stirbt, mögen Sie sich zum Erforschen dieser Gegenwärtigkeit gedrängt fühlen. Wenn Sie auch wissenschaftliche Kenntnis aller Hirnfunktionen haben – den Wahrnehmer können Sie so niemals kennen. Sie können verstandesmäßig ad infinitum durch Serien von Subjekten zurückgehen, das höchste Subjekt können Sie objektiv niemals kennen. Oppenheimer hat gesagt, der Wissenschaftler könne die Totalität niemals kennen, weil sich der Kenner nicht auf wissenschaftliche Weise kennen läßt. Bewußtsein kann nicht vergegenständlicht werden. Liebe, Anteilnahme, Humor sind nicht analysierbar. Die Physik wird nie imstande sein, Erleuchtung zu verstehen. Erleuchtung wird dem analytischen Hirn immer ein Rätsel bleiben. Die Tränen von Liebenden können unter dem Mikroskop analysiert werden, wodurch sie verursacht worden sind, kann diese Analyse jedoch niemals ergeben.

Der erste Schritt, der getan werden muß, ist also, zu der unerschütterlichen Überzeugung zu gelangen, daß das objektive Wissen begrenzt ist. Dadurch kommt der Geist zu einem Stillstand, und Ihr Erforschen des objektiven Aspekts geht in ein Erforschen des subjektiven Aspekts über. Weil die Tendenz, der Reflex weiterbesteht, diesen Aspekt in eine Haltung – ein Objekt – umzuwandeln, kann sich der Beweis erst dann ergeben, wenn Sie in der Nicht-Vergegenständlichung verweilen und plötzlich von der objektlosen Gegenwärtigkeit ergriffen werden.

Die Natur des Denkens

Stellt die Frage «Wer bin ich» diesen Übergang des Interesses vom Objekt zum Subjekt dar?
Ja. Die Frage kann auf vielen Ebenen gestellt werden. Die wahre Frage erhebt sich aber aus dem Aufgeben der Fragen, welche auf der Ebene des Körpers, der Sinne und des Geistes gestellt werden. Vielleicht kennen Sie die Geschichte von König Janaka und seinem Guru. Diese diskutierten über Wach- und Traumzustände, und Vasishta hatte am Vorabend zum König gesagt, sie seien beide gleich. In der Nacht träumte Janaka, er sei ein Bettler, und am nächsten Morgen stellte er seinem Guru sehr aufgeregt die folgende Frage: «Ich habe geträumt, ich sei ein Bettler. Bin ich nun ein Bettler, der träumt, er sei Janaka, oder Janaka, der träumt, er sei ein Bettler?» Vasishta antwortete: «Du bist weder das eine noch das andere. Du bist das Selbst.» Da begriff König Janaka und rief freudenvoll aus: «Oh! Ich bin das Selbst!» Vasishta sagte darauf: «Das ist das letzte Hindernis. Indem du es denkst, kannst du es nicht sein.»

Könnten Sie den Unterschied zwischen Kenntnisse haben und Wissen als Sein genauer erläutern?
Alles, was wir kennen, hat einen Bezugspunkt, ist durch andere Dinge hindurch bekannt, nämlich durch Vergleiche. Wenn Sie nie eine Jicama-Wurzel gekostet haben, kann ich Ihnen deren Geschmack als eine Mischung aus Apfel und roher Kartoffel beschreiben. Daraus würden Sie sie zu einem bestimmten Grade kennen. Es gibt aber nichts, das sich mit Ihrem wahren Wesen vergleichen läßt. Es ist nicht etwas, das Sie wie andere Dinge kennen können. Es kann nur Wissen *sein*.

Deshalb ist jeder Schritt, den wir tun, um uns ihm

anzunähern, eine Entfernung davon. Wir sind in der Stille, unserem wahren Wesen, wenn es keine Bewegung in irgendeine Richtung mehr gibt. Die Sonne muß nicht beleuchtet werden, damit sie scheint; das Scheinen des Mondes ist hingegen von der Sonne abhängig. Ebenso hat alles Erkennen seinen Ursprung im Wissen als Sein.

Müssen alle Gedanken aufhören, damit der Geist seine Grenzen spürt?
Die organische Natur des Geistes ist Bewegung, spontane Funktion. Diese gehört der Wirklichkeit an. In geometrischen Begriffen können wir sagen, daß die Wirklichkeit hinter dem Geist ist. Unternehmen Sie nie den Versuch, die Gedanken zum Stillstand zu bringen. Ihr wahres Wesen, die Stille, findet sich nicht in Abwesenheit von Gedanken, sie ist Quelle des Denkens und des Nicht-Denkens. Alle zum Anhalten des Geistes bestimmten Techniken sind Teil des Werdeprozesses, des Erlangens – also des Geistes selbst. Nehmen Sie nur einfach Notiz von den Momenten, wo Gedanken zu Ende gehen. Achten Sie mehr darauf. Wenn Sie ihn nur lassen, wird der Geist automatisch in die richtige Funktionsweise verfallen und aktiv sein oder ruhen, wenn es angebracht ist. Der Körper ist grundsätzlich gesund und besitzt ein organisches Gedächtnis für seine Gesundheit. Wenn wir ihn nicht stören, sorgt er für sich selbst.

Wenn es nichts zu tun gibt, wenn keine Situation nach unserem funktionellen Gedächtnis verlangt und die Funktion des psychologischen Gedächtnisses aufgehoben ist, findet man sich in der Stille, frei von Vergangenheit, Gegenwart und Zukunft. Diese Ruhe ist vom individuellen oder kollektiven Gedächtnis unabhängig. Sie ist Quelle aller Tätigkeit. Kreatives Denken kann nur, vom Hindernis Ego befreit, aus diesem Hintergrund erblühen.

Weshalb ist mein Geist ständig in Bewegung?
Weil Sie mit der Bewegung identifiziert sind. Wo wären Sie, wenn die Bewegung aufhören würde? Sie müssen die flüchtigen Zeiträume zwischen den Gedanken und morgens den dem Erwachen des Körpers vorausgehenden Augenblick erforschen.

So wird also mein Gefühl, lebendig zu sein, durch diese andauernde Unruhe unterhalten?
Solange Sie sich für eine Person halten, sind Sie von Gedanken, Situationen, Ereignissen, von Bewegung, welche die Person am Leben erhält, abhängig. Sie müssen zulassen, daß die Person stirbt. Gewöhnen Sie sich ans Sterben, und Sie werden wissen, was das Leben wirklich ist.

Haben Techniken zur Ruhigstellung des unruhigen Geistes irgendeinen Wert?
Ein kontrollierter Geist kann niemals frei sein. Er wird zu einem spröden Instrument, dem jede Subtilität abgeht. Eine Disziplinierung des Geistes führt niemals zum Sterben der illusorischen Selbstvorstellung. Indem Sie dem Alten nachgehen, kommen Sie niemals zum Neuen. Der Geist kann sich selbst unmöglich umwandeln. Er kann Änderungen auf der zerebralen Ebene herbeiführen, Sie bleiben damit jedoch im psychologi-

schen Rahmen mit einem wenn auch noch so subtilen «Ich» als Zentrum. Warum Energie auf das verschwenden, was Sie nicht sind? Gehen Sie direkt zu dem, was Sie sind.

Unser wahres Wesen ist näher als alle Gedanken. Es ist Urgrund aller Gedanken. Der Geist kann nicht zu dem werden, was er bereits ist. Wenn Sie sich mit Technik und Disziplin beschäftigen, wollen Sie ein Ergebnis erreichen. Sie projizieren immer das Bekannte, und auch wenn Sie dadurch zu einer neuen chemischen Transformation des Körpers gelangen, zu irgendeinem neuen oder subtilen Gefühlszustand, zum natürlichen Seinszustand führen Techniken Sie nicht. Begreifen Sie, daß Techniken zwar zum Erlernen einer Sprache oder des Klavierspielens notwendig sind, Sie aber durch geistige Anstrengung nicht zu dem gelangen, was Sie sind. Mit Techniken entfernen Sie sich von Ihrem wahren Wesen. Der Geist ist ein nützliches Instrument zum Ansammeln von Kenntnissen, aber das stellt nur einen Teil des menschlichen Lebens dar. Wenn er fragt: «Wer bin ich?», sieht er schließlich seine Grenzen und gibt sich seiner Quelle hin. Das bringt Sie von der Kenntnis der Dinge zum Wissen selbst.

Läßt sich ein Stadium unterscheiden, in welchem der Geist seine Grenzen erkennt und sich dem Wissen-Sein hingibt?
Im Verlauf einer wissenschaftlichen, vorurteilslosen und nicht-schlußfolgernden Befragung sind alle Elemente einer Situation willkommen. Gewöhnlich hindern uns unser Wählen, unsere Zu- und Abneigungen daran, alle Elemente wahrzunehmen. In der nackten Beobachtung kann sich die Situation in all ihren Aspek-

ten entfalten. Wenn der Wunsch, zu einer Lösung zu gelangen, sich aufgelöst hat und die Aufmerksamkeit, die Wachheit aufrechterhalten wird, ist es an einem bestimmten Punkt so, als ob ein Magnet plötzlich alle Elemente an sich zieht. Es kommt zu einer augenblicklichen, alle Elemente umfassenden Repräsentation der totalen Situation. Dies ist die letzte Funktion des Intellektes, welcher diese Repräsentation nicht konkretisiert und plötzlich ins Wissen-Sein absorbiert wird. Die Handlung erscheint dann spontan. Jede Situation enthält ihre eigene Lösung, wenn der Geist ihr keine aufdrängt.

Warum stimulieren Sie mit Ihren Ausführungen den Geist, wenn er uns doch nicht zur Kenntnis unserer selbst bringen kann?
Das bringt Sie dazu, das Leben zu befragen. Es hilft Ihnen, die Perspektive zu finden. Wenn die intellektuellen Fähigkeiten einmal in Gang gesetzt worden sind, können Sie diese nicht mehr zum Halten bringen: sie müssen zu einem natürlichen Ende kommen. Der Geist muß zu der Repräsentation, der Einsicht gelangen, daß er nur eine Funktion ist. Dies ist die Klarheit des Geistes. Bis der Intellekt klar um seine Grenzen weiß, muß er sich selbst erforschen. Wenn wir etwas Wertvolles nicht mehr finden, geben wir die Suche nicht auf, bevor wir nicht jeden Stein umgedreht haben. Im Leben kommt aber ein Moment, wo wir alle Steine umgedreht, das Gesuchte aber immer noch nicht gefunden haben.

Das bringt uns zum Einhalten. Der Antrieb zu suchen wird gestoppt. Diese Ruhe hat mit dem Geiste nichts zu tun. Sie ist Schauplatz des Wissens als Sein ohne Objekte. Sie trägt alle Tätigkeit und Nicht-Tätigkeit.

Kennen Sie die Geschichte, die man von dem Sufi Mulla Nasruddin erzählt? Ich passe sie bei jedem erneuten Erzählen ein bißchen an:

Mulla überquerte eine Straße in seinem Dorf, als sich ihm ein Mann näherte und zu ihm sagte: «Weißt du, daß deine Frau dich betrügt?» Mulla antwortete sogleich: «Das ist unmöglich. Meine Frau würde mir niemals untreu sein.» Der Mann entgegnete: «Ich kann es dir beweisen. Heute nacht, um Mitternacht, hat sie ihrem Liebhaber ein Rendez-vous unter dem Feigenbaum am Ende des Dorfes gegeben.» Mulla war sehr aufgebracht, und da er ein Duell mit dem Liebhaber seiner Frau kommen sah, ging er sich einen Säbel kaufen. Er übte den ganzen Tag damit und dachte an den Zweikampf, und um elf Uhr abends ging er in einem schrecklichen Geisteszustand zum Feigenbaum. Er kletterte auf den Baum, und da er ein sehr leidenschaftlicher Mann war, sprang er rasend vor Eifersucht und Wut von Ast zu Ast. Er malte sich seine Frau in den Armen ihres Liebhabers aus und probte den Hieb, den er seinem Rivalen versetzen wollte, aus allen möglichen Winkeln.

Zehn Minuten vor Mitternacht hielt er inne, um zu lauschen, hörte aber noch nichts. Fünf Minuten vor Mitternacht befand er sich in einem unerträglichen Zustand der Aufregung und Erwartung. Drei Minuten vor Mitternacht war noch kein Ton von den beiden zu hören, und jeder Nerv seines Körpers war zum Zerreißen angespannt. Um Mitternacht war er so unbeweglich wie ein zum Beutesprung ansetzender Tiger. Aber unter dem Baume geschah immer noch nichts.

Da traf eine ungeheuerliche Einsicht blitzartig sein ganzes Wesen: «Ich bin Junggeselle!»

Welche großartige Geschichte! Er war anscheinend buchstäblich ver-rückt, jenseits seines Geistes. In welchem Geisteszustand war er aber, als die Einsicht ihn erschütterte? Wenn ich dies verstehe, brauche ich vielleicht nicht so weit zu gehen wie der Mulla.

Bis um Mitternacht war er auf das Objekt, die Repräsentation der Szene konzentriert. Dann kam der Augenblick, in welchem der Geist keinen Halt mehr fand, und die Repräsentation verschwand. Nasruddin war nicht mehr auf der Ebene des Geistes. Die äußere Situation nährte keine weitere Tätigkeit mehr. Der Geist muß sich erschöpfen. Wenn er aufgibt, werden wir von unserem wahren Wesen aufgenommen. Aber die zwölfte Stunde des Geistes kann jeder Augenblick sein.

Welche Rolle spielt der Mann in der Geschichte?
Der Mann hält Mulla für verheiratet, und Mulla akzeptiert dies, ohne es in Frage zu stellen. Der Mann steht für die Gesellschaft, die uns für den Körper-Geist hält. «Jedermann» ist Information aus zweiter Hand, das Hörensagen, das, was für bare Münze genommen wird – der sogenannte gesunde Menschenverstand.

Wie können wir eine Situation ohne kritischen Verstand klar sehen?
Sie können eine Situation erst klar erkennen, wenn sich das bruchstückhafte Schauen, Ihr Standpunkt aufgelöst hat. Wenn Sie vom individuellen Gesichtspunkt aus schauen, verengen Sie das Gesichtsfeld durch Vor-Ein-

genommenheit. Wenn Sie einer Situation in Offenheit, absichts- und motivlos begegnen, entfaltet sie alle Elemente ihrer Geschichte und, wie wir bereits gesagt haben, erscheinen diese zu einem gewissen Zeitpunkt als ein Ganzes, das dann spontan in einer Lösung, einer Handlung erlischt. Dies geschieht auf organische Weise. Dazu braucht es keine Person, die eine Wahl trifft oder etwas beschließt.

Wenn der Tiger seine Beute lokalisiert hat, weiß er in einem Augenblick um seine eigenen Fähigkeiten und die Distanz, den Gesundheitszustand, die Kraft und Geschwindigkeit der Beute, und in einer Sekunde verwirklicht er dies in einer Handlung, anpirschen, rennen, warten, aufgeben. In ungerichtetem Gewahrsein gibt es kein Denken im gebräuchlichen Sinn des Wortes mehr. Da ist nur schöpferisches Denken, spontanes Denken und Handeln.

Sie sind wie ein weißes Blatt Löschpapier. Wenn alles in Wachheit ohne Wahl absorbiert wurde, kann Begreifen aufkommen. Es kommt unwillkürlich auf. Was von allem Willen frei ist, ist ein Geschenk. Wir empfinden das Verstehen als eine Gabe. Eine Handlung, die sich aus diesem Begreifen ergibt, hinterläßt keine Rückstände. Der Geist hat eine natürliche Funktion, wir lassen ihn aber diktatorisch über alle Sinne walten.

Ist das ähnlich wie in der Zen-Kunst des Bogenschießens, wo das Denken die Handlung behindert?
Genau. Das Wichtigste in der Kunst des Bogenschießens besteht darin, von der Zielscheibe abzusehen, das bedeutet, sich vom Erfolghabenwollen zu befreien.

Wenn Sie vom Erfolgsstreben frei sind, finden Sie sich in der Einheit, und das Ziel ist eins mit Ihnen.

In offener Aufmerksamkeit kommt das Ziel ins Gewahrsein. Wenn da jemand ist, der etwas tun will, herrscht Getrenntheit. Wenn Sie jedoch absichtslos sind, entspannen sich alle Muskeln und die ganze Knochenstruktur, und was übrigbleibt, ist reine, zum Gebrauche bereitstehende Energie. Beim Bogenschießen löst sich der Pfeil von selbst, wenn da keine Person ist, die sich einmischt. Die Haltung von Wachheit ergibt sich ganz natürlich im Loslassen. Was «Anfängerglück» genannt wird, besteht im Freisein des Anfängers von Vorstellungen von sich selbst.

So ist Erfolg also nicht, wie man oft annimmt, dem «Auf-einen-Punkt-gerichtet-Sein» zu verdanken?
Nein. Nicht dem «Auf-einen-Punkt-gerichtet-Sein» im Sinne der Konzentration. Konzentration bezieht sich auf das Besondere, Aufmerksamkeit ist eine Beziehung zur Ganzheit. Konzentration ist Widerstand gegen die Multidimensionalität der Aufmerksamkeit und Kontraktion, die sie ausschließt. Ohne Widerstand brennt Ihre natürliche Wachheit wie eine Flamme.

Können wir ebenso eine geometrische Repräsentation unseres ganzen Lebens wie einer spezifischen Situation haben?
Absolut. Es ist wichtig, daß der Geist klar und orientiert ist. Sonst ist die Erfahrung zufällig. Wenn der lineare Geist sich entspannt, kann eine räumliche Repräsentation aller Elemente des Lebens in der multidimensionalen Aufmerksamkeit aufkommen. Das ist die höchste Repräsentation. Es ist nicht eine Repräsentation des

Höchsten. Unter bestimmten Umständen sieht der Intellekt die globale Situation und löst sich freudig in spontane, aus der Situation selbst kommende Handlung auf. Indem er alle Lebensumstände sieht, gibt der Intellekt seine totale Einsicht in Dankbarkeit auf, um sich in Wissen als Sein aufzulösen.

Verändert sich die Natur des Geistes, wenn er zu einer räumlichen Repräsentation gelangt?
Eine globale Einsicht orientiert Geist und Energie, die gewöhnlich zerstreut sind. Dies ist der einzig korrekte Gebrauch des Ausdrucks «auf einen Punkt gerichtet». Es geschieht spontan. Es braucht kein Bemühen, keinen Willen, keine Konzentration dazu. Es ist auch nicht Introversion; das ist eine psychologische Kategorie, die Kontraktion gegenüber der Ganzheit bedeutet. Es kann zu einer vorübergehenden Phase der Introspektion kommen, während man diese Ausrichtung erforscht.

Denken Sie, daß «die globale Repräsentation aller Elemente der Situation seines Lebens» das ist, was der Buddha meinte, als er sagte, er habe alle seine vergangenen Leben im seiner Erleuchtung vorausgehenden Augenblick gesehen?
Was wir psychologisches Gedächtnis nennen, ist der Inhalt Ihrer Vergangenheit. Von Ihrer Totalität aus gesehen, das heißt, wenn kein individuelles Bezugszentrum da ist, erscheinen die Inhalte als klare, objektive Tatsache. Dann kommt es augenblicklich zu einer Umsetzung der Energie, und das psychologische Gedächtnis löst sich auf. Alle Rückstände in Form von Schuldgefühlen, Reue und nicht integrierten Empfindungen wie Vergnügen oder Schmerz verschwinden, und man

wird von dem ergriffen, was ist, wenn nichts mehr übrigbleibt.

Allumfassende geometrische Repräsentation ist immer noch Dualität, eine Wahrnehmung. Was ermöglicht uns, auch diese subtilste Beziehung noch aufzugeben?
Der vorbereitete Geist weiß, daß das Wissen noch nicht voll verwirklicht ist, und ist bereit loszulassen. In diesem Stadium ist die Dualität von Beobachter und Beobachtetem so durchsichtig, daß die Einheit des Bewußtseins sie überwinden kann. Sie können die Schwelle nicht willentlich überschreiten. Sie werden ergriffen.

Auf einem Pfad schrittweiser Annäherung ist es im Grunde genommen unmöglich, dem subtilen Griff der Zweiheit zu entkommen. Der Reflex, sich mit dem Denken zu identifizieren, ist durch Gewöhnung eingefleischt. Doch auf dem direkten Weg ist der Intellekt ständig im nicht-dualen Hintergrund verwurzelt. Sie leben in jedem Augenblick mit diesem Hintergrund. Von Anfang an weiß der Geist, daß er begrenzt ist, und lebt im Willkommenheißen einer neuen Dimension. Der Intellekt ist nicht konditioniert, und seine Beweglichkeit ist für diese letzte Entscheidung von essentieller Bedeutung. Der Intellekt erinnert sich an das, was Sie gehört und bisher als Möglichkeit angesehen haben – daß Sie nicht Erfahrung sind. Da er an seine Begrenztheit glaubt, erfährt er seine Grenzen. Die Erinnerung bringt den Moment der Gnade, und Sie werden in Ihrer Ganzheit ergriffen.

Sie müssen zu dem lebendigen Schluß gelangen, daß ein Objekt nur existiert, weil Sie sind. Es erscheint in

Ihnen, weil es nur projizierte Energie im Raumzeitlichen ist, und es verzehrt sich in Ihnen.

Wie findet die Umwandlung in der Stille statt?
Wenn sich der Geist der Stille hingibt, erfährt er eine Umwandlung. Er ist kein ruheloses, auf sich selbst zentriertes Instrument mehr, welches ein mechanisches Verhalten rationalisiert und rechtfertigt. In der Stille ist der Intellekt erleuchtet. Die Umwandlung berührt jeden Winkel Ihres Seins, all seine verborgenen Antriebe, und ein neues Menschenwesen wird geboren. Wissen als Sein ist keine Idee. Eine Idee hat keine dynamische Kraft. Wissen als Sein entsteht durch direkte Wahrnehmung, Wahrnehmung ohne Wahrnehmenden. Wenn wir die dynamische Wahrnehmung wirken lassen, beseitigt sie die Unordnung und die Gewohnheit, den Wahrnehmungsprozeß je nach unseren Wünschen, nach unserem Ehrgeiz, unseren Gewohnheiten, Erwartungen und so fort zu verzerren.

Intelligenz ist nicht konditioniert oder vererbt. Sie ist nicht von Erinnerung verunreinigt. Sie ist nicht an jemanden, an irgendeine zerebrale Funktion gebunden. Sie liegt in der totalen Entspannung der psychophysischen Struktur, wenn ein ungekanntes Quantum an nicht vom Gehirn erzeugter Sensibilität zu wirken beginnt. Sie ist eine Bewegung, die das ganze Sein durchdringt und im ganzen Universum stattfindet.

Sie haben vorhin vom schöpferischen Denken gesprochen, das dem Unbekannten entspringt. Könnten Sie auch über das wissenschaftliche oder rationale Denken sprechen?
Das vernünftige Denken ist ein Instrument, das unsere

biologische Existenz im Alltagsleben unterhält. Es bewegt sich im bereits Bekannten, in dem, worauf man sich als individuelle oder kollektive Konvention geeinigt hat. Es ist funktionales Gedächtnis, welches die Energie zu nützlichen Gedankenstrukturen organisiert. Das rationale, logische oder wissenschaftliche Denken geht vom Bekannten aus, Gedanken ergeben sich aus Gedanken, aber wenn es keinen Anspruch auf Urheberschaft erhebt, niemals sagt «ich weiß» oder «ich habe getan», dann verweist es auf seinen Urgrund. Ohne psychologische Einmischung ist es ein Ausdruck der Stille in Zeit und Raum. Hintergrund des rationalen Denkens ist diese nicht-begriffliche Gegenwärtigkeit, welche wir stille Kontemplation nennen können.

Die Funktion des rationalen Denkens stellt jedoch nur ein Fragment des Lebens dar. Wir sollten ihr nicht erlauben, die Tiefen unseres Seins zu verdunkeln. Leider verliert das rationale Denken, wie alle unsere Funktionen, meist seine Reinheit und wird von Absichten geleitet. Heute ist der größte Teil des sogenannten rationalen oder technologischen Denkens berechnend. Berechnendes Denken trägt das Verlangen eines Individuums, ein Resultat zu erreichen, in sich. Absichtsvolles Denken beruht auf dem Anhäufen von Definitionen und Schlußfolgerungen, auf Vergangenheit, dem bereits Bekannten.

Unglücklicherweise für die Welt ist heute beinahe das gesamte wissenschaftliche und auch das sogenannte künstlerische Denken berechnend, nur ein Streben nach Erfolg. Hinter dem funktionellen Ziel versteckt sich ein psychologisches Ziel. Das Denken ist hier von seinem Urgrund geschieden und mit der Person, mit dem

Die Natur des Denkens

Kontrollierenden, dem Bezugszentrum identifiziert. Jedes Erfolgsstreben ist noch dem Feld der «Selbst-Bezogenheit» angehörig, welche uns an ein Ergebnis kettet. Für die meisten Menschen ist es sehr schwer zu verstehen, daß perfektes Funktionieren nur in totaler Abwesenheit von Erreichenwollen möglich ist.

Sie haben gesagt, nach dem Aufkommen der Frage «Wer bin ich?» gehe die Suche anders weiter, als wir dies bisher gewohnt waren. Könnten Sie mehr über die Natur der Suche nach unserem wahren Sein sagen?
Ein mit der Frage «Wer bin ich?» vertraut gewordener Intellekt funktioniert spontan, frei von der «Ich»-Vorstellung. Allein in dieser Freiheit können die wahren Fragen aufkommen. Dieses echte Suchen erscheint, wenn das Denken in seinem Urgrund verbleibt, bevor es Repräsentationen erzeugt. Die Suche ist vor dem Bedürfnis zum Vergegenständlichen. Sie ist Vor-Gedanke. Meditatives Denken ist ein Vom-Denken-Wegsehen. Es ist Werkzeug, eine Aussage von Tatsachen ohne jeden Bezug zu einer vorgestellten Person. Es ist ein Loslassen von allem Greifen und Wollen. Echtes Suchen beherrscht, manipuliert oder definiert nie. Es ist frei von Ausdeutungen. Es ist eine offene Frage, die in ihrer Natur als Frage erlebt und erforscht wird und nicht zu einem Abschluß vorangetrieben wird. Was Sie im Grunde sind, hat weder Anfang noch Ende. Weshalb also nach einem Abschluß suchen? Suche ist Aufmerksamkeit, ein Willkommenheißen alles Erscheinenden. Das bringt uns zur Kunst des Lauschens, zum ursprünglichen Gewahrsein.

Was Sie «Lauschen» nennen, ist also für die Suche von fundamentaler Wichtigkeit?
Ja. Lauschen ist ein waches Empfänglichsein allem Erscheinenden gegenüber. Es ist passiv nur in dem Sinn, daß es frei ist von jeder Spur eines Lauschenden. Wenn Urteil, Kritik, Vergleich und Abschätzung die psychosomatische Struktur nicht mehr kontrollieren, kommt der ganze Körper spontan ins Lauschen. Es ist wichtig zu begreifen, daß dies keine Einstellung ist. Die Gegenwärtigkeit wird in der Leere von Bemühung und Erreichenwollen gefunden. Anfänglich ist es aber möglich, daß Sie aus diesem Nicht-Streben einen Zustand machen, eine Abwesenheit. Wir erleben oft die Abwesenheit von Bemühung, ohne sie jedoch zu erforschen. Dies ist eine prekäre Lage, ein Leben ohne Würze, Einöde, die dunkle Nacht der Seele. Wenn Sie aber die wahre Natur dieser «Abwesenheit» erforschen, werden Sie Gegenwärtigkeit in der Abwesenheit alles Werdens entdecken. Unternehmen Sie nie den Versuch, die Stille zu visualisieren oder die Leere zu vergegenständlichen! Wagen Sie es, gelegentlich in der Schönheit der Stille zu leben, und Sie werden fühlen, wie alle Logik und alles Verstehen darin Form annehmen – in Ihnen selbst. Dann kommt der Moment, wo Sie Verstehen *sind*. In diesem Augenblick gibt es kein Wissen, das nicht Gewahrsein ist. Alle Rückstände an Objektivität werden in ihr verbrannt, und es gibt kein Gedächtnis mehr.

Wirklichkeit können Sie nur sein. Sie können Sie niemals erkennen. Weil das Bekannte aber in dieser Wirklichkeit erscheint und verschwindet, gehört es ihr an. Es ist das Bekannte, das letztlich das Unbekannte offenbart. Es existiert keine Hierarchie der Wirklichkeit. Alles ist wirklich.

Wie können Sie in einem Atemzug sagen, die Wirklichkeit lasse sich niemals erkennen und das Bekannte offenbare das Unbekannte?
Wir sind durch unseren Wortschatz begrenzt. Worte müssen mit einer gewissen Beweglichkeit aufgenommen werden, so wie Sie einem Dichter auch gern dichterische Freiheit zugestehen. Lauschen Sie immer dem ganzen Zusammenhang der Antwort und auch darauf, wie sie in Ihnen wirkt. Isolieren Sie sich nicht selber von der symbolischen Macht der Worte, indem Sie sie aus dem umfassenden Hintergrund lösen.

Welchen Ursprung haben Gedanke und Wort?
Ein Gedanke, ein Wort ist ein aus der Lautlosigkeit geborener Laut. Laut und Stille sind aufeinander bezogen. Sie können keinen Laut hören, ohne zugleich die Stille zu hören. Erforschen Sie diese Stille! Gewahren Sie, wie der Laut aus ihr geboren wird. Aus der Stille geborene Laute sind machtvoll und eindringlich. Der Laut ist Schwingung, Bewegung, Energie, Gedanke und Tätigkeit. Daher fehlt jedem nicht wissentlich mit der Stille verbundenen Laut die Dynamik, die Macht um das Dunkel der Unwissenheit zu durchdringen.

Ich ertappe mich oft dabei, im falschen Moment das Falsche zu sagen. Wie kann ich «rechte Rede» verwirklichen?
In der «rechten Rede» gibt es keine psychologische Einmischung. Vom Ego freie Sprache, Worte und Denken sind in sich vollständig, autonom und spontan. Rechte

Rede zieht keine Vergleiche und nimmt nicht auf jemanden Bezug, der spricht. Sie ist rein sachlich. Aufmerksamkeit ist eine spontane Tätigkeit des Gehirns, welche Formen erkennt und benennt. Psychologisches Reden ist dagegen immer ein Qualifizieren. Entweder bezieht es sich auf ein Zentrum oder aber stellt Vergleiche zwischen Gegenständen an. Sie können beispielsweise von der Schönheit eines Gemäldes ergriffen sein. Sie können aber auch den Reflex verspüren, es etwa ausdeuten oder besitzen zu wollen. Nehmen Sie von solchen Reflexen, welche in die reine Aufmerksamkeit eingreifen, Notiz. Sobald ein persönlicher Gedanke dazwischenkommt, sind Sie nicht mehr offen für die Schönheit.

Gebrauchen Sie Worte, Gedanken auf die richtige Weise. Wenn Sie sie richtig anwenden, wird Sie dies zur Klarheit bringen. Solange Sie in dem Glauben leben, eine unabhängige Wesenheit zu sein, fixieren Sie die Worte auf der Ebene dieser Erfahrung – und ihre symbolische Funktion als Hinweis auf die Stille kann sich nicht verwirklichen. Die echte Wahrnehmung kann sich erst im totalen Erlöschen der Pseudo-Wesenheit einstellen. Wenn Sie aus ihrer Ganzheit sprechen und lauschen, ohne Berechnung und Vergleichen, sind die Worte nicht mehr fixiert und lösen sich in dieser Vollständigkeit auf.

Wollen Sie damit sagen, daß die Sprache, wie wir sie gewöhnlich anwenden, nicht auf unser wahres Wesen verweist?
Im heutigen Alltagsleben konzentriert sich die Sprache auf das Wort und wird dementsprechend benutzt, um Beziehungen zwischen sogenannten Objekten herzu-

stellen. Wörter sind auf der Ebene der Erfahrung und des Gedächtnisses gesammelte Begriffe. In der Welt funktioniert die Sprache in Raum und Zeit. Aber die Welt ist keine objektive, autonome Wirklichkeit. Unser gewohnter Sprachgebrauch ist allzu begrenzt. Die wahre Funktion der Wörter ist, als Hinweis auf die Stille, aus der sie gekommen sind, zu dienen.

Wörter sind Fenster aus der Leere zur Leere. Sie sind der Rahmen, die Schwelle. Ein Wort ist wie ein Vogel, der einen Augenblick im Fensterrahmen sichtbar wird und dessen prachtvolle Federn wir bewundern können. Wenn wir seinem Verschwinden nachgehen, führt er uns zur Leere, zur Stille.

Wollen Sie sagen, die Sprache habe sich geändert, wenn Sie vom «heutigen» Alltagsleben sprechen?
Der Gebrauch von Lauten stellt nur einen Bruchteil unserer Kommunikationsmöglichkeiten dar. Heute zählen die meisten Menschen vor allem auf die verbale Kommunikation. Die Kunst der wahren Kommunikation beruht auf der Stille und der wunderbaren Mannigfaltigkeit ihrer spontanen Ausdrucksformen.

In vielen alten Sprachen war der Laut dem, worauf er sich bezog, näher. Wörter hatten eine größere dynamische Macht. Heute haben die Worte ihre Nähe zur Wirklichkeit verloren, jedenfalls in unseren westlichen Sprachen. Indem wir immer mehr in den Bann von Erfolg und Erfüllung geraten sind, ist auch unser Zentrum immer mehr in diese Welt des Gewinnstrebens hinausgeschleudert worden. Unsere Sprache, welche eine Gehirnaktivität ist, ist unserem Streben gefolgt. Sie können ringsum immer mehr zum Erwerb angebotene Objekte sehen, und jeder Gegenstand braucht einen neuen Laut, um von den anderen unterschieden werden zu können. Wie weit ist dies doch von Lauten entfernt, die aus unserer wesentlichen Natur kommen, ihr Ausdruck geben und auf sie verweisen.

Sind wir nicht letztlich an die Zeit gebunden, auch wenn wir frei von der Subjekt/Objekt-Beziehung leben?
Der Mensch ist dauernd damit beschäftigt, Zeit zu erschaffen. Diese psychologische Zeit ist im wesentlichen Vergangenheit, und durch sie rufen wir die Vergangenheit immer aufs neue ins Leben. Diese Zeit ist Denken, das auf Gedächtnis beruht. Tatsächlich ist das, was wir Zukunft nennen, nur modifizierte Vergangenheit. Psychologische Zeit ist nie im Jetzt, sie ist in ständiger rascher Pendelbewegung von der Vergangenheit zur Zukunft, von der Zukunft zur Gegenwart. Sie existiert nur auf der horizontalen Ebene, der Ebene von Haben/Werden, Vergnügen/Schmerz, Annehmen/Ablehnen, Sicherheit/Unsicherheit. Sie ist Quelle des Elends und des Konfliktes und entfremdet uns der reinen Existenz. Wenn wir die psychologische Zeit und den psychologischen Raum verstehen, gelangen wir zur Meditation und zum richtigen Funktionieren. Die chronologische, astronomische Zeit gründet ebenfalls auf dem Gedächtnis, dieses funktioniert jedoch hier frei von Eingriffen eines Ego, eines Willens. Die Ereignisse geschehen in einem geordnetem Ablauf, und weil keine Bewegung zwischen der sogenannten Vergangenheit und Zukunft stattfindet, erwachsen keine Konflikte aus ihr.

Das Eingreifen der Selbstvorstellung trennt den Beobachter vom Beobachteten. In einem wahren Beobachten sind Beobachter und Beobachtetes eins. Dies ist der Anfang des totalen Verstehens. Wenn wir denken, tun wir dies in Begriffen von Vergangenheit und Zukunft, das Leben aber ist immer «jetzt». Im Jetzt leben erfordert einen von allem Erreichenwollen und von allem Rekapitulieren befreiten Geist. In der Gegenwärtigkeit ist Ewigkeit, alles mögliche Geschehen. Alles ist gegenwärtiger Gedanke, und der Gedanke und sein Gegenstand sind eins. Die Zeit ist Gedanke, und der Gedanke erscheint in der Zeit. Schönheit und Freude offenbaren sich nur im Jetzt.

Warum sollten wir die Zeit erschaffen?
Zur Ergötzung der Selbstvorstellung. Wenn Sie aber in Ihrem wahren Wesen leben, bringt jeder Augenblick Ergötzung. Im Grunde gibt es keine Zeit, weil der Augenblick eins ist mit dem Bewußtsein.

Existiert der Raum?
Raum ist eine Vorstellung. Wir können ihn nur denken unter Bezugnahme auf greifbare Körper, welche wir als von uns verschieden oder als außerhalb unseres eigenen Körpers existierend ansehen. Zur Idee der räumlichen Ausdehnung sind mehrere Wahrnehmungen erforderlich.

Sie sprechen vom Raum als Vorstellung. Kann er nicht als Wahrnehmung erfahren werden?
Sie können zu einem Gefühl der Räumlichkeit gelangen, wenn Sie über die physische Struktur des Körpers hinausgehen und dem subtilen oder energetischen Kör-

per begegnen. Aber da gibt es noch immer ein vages Bezugszentrum.

Sie haben gesagt, Zeit sei Gedächtnis. Was ist das Gedächtnis genau?
Das Gedächtnis, welches ohne die Begrenzungen der Selbstvorstellung arbeitet, ist völlig in das kosmische Gedächtnis integriert, in das All-Mögliche, dessen Archetypen in uns sind, so wie der Baum im Samen enthalten ist. Das funktionale Gedächtnis erscheint spontan, wenn es in einer Situation benötigt wird. Spontanes Denken gründet auf dem funktionalen Gedächtnis. Wir erlauben jedoch dem Gedächtnis dieses freie Funktionieren nur selten. Das psychologische Gedächtnis erinnert sich unablässig. Es ist eine Festung für das Überleben des «Ich», die Idee, ein Individuum zu sein. Die Kategorien Vergangenheit, Gegenwart und Zukunft sind bloße Konventionen, die das Überleben dieser Vorstellung sicherstellen sollen.

Ist es zum Beispiel möglich, bei einer zweiten Begegnung mit jemandem nur das funktionale Gedächtnis zu gebrauchen?
Absolut! Das funktionale Gedächtnis kann sich an den Namen, das Gesicht, an die Umstände der ersten Begegnung erinnern. Nehmen Sie jedoch von der Tatsache Notiz, daß Sie sich sehr rasch eine Meinung über Menschen bilden und daß dieses psychologische Gedächtnis auf die zweite Begegnung abfärbt. Sie bringen vorgefaßte Ideen mit. Mit dieser Art Gedächtnis kann keine wahre Begegnung stattfinden. Sie lassen den andern nicht neu zu Ihnen kommen und bringen Ihrerseits Vergangenes mit sich. Darin ist keine Liebe, keine Zuneigung.

Es scheint klar zu sein, daß das ständige Gefühl, sein «Ich» behaupten zu müssen, ein Schutzwall vor der Angst ist, in Vergessenheit – über den Lethe – zu geraten. Es ist die Angst vor dem Sterben. Kann ich sicher sein, daß nach dem Aufgeben des psychologischen Gedächtnisses das funktionale Gedächtnis weiterbestehen wird und ich weiterhin in der Welt leben kann?

Unsere Sinne, Organe, unser Gehirn, unsere Charakterzüge, der ganze Körper sind Werkzeuge, welche mühelos und wirksam funktionieren, wenn sie sich selbst überlassen werden. Meist wird aber ihr organisches Funktionieren durch einen Prozeß des Reagierens und Kompensierens, der Sympathie und Antipathie, der Analyse, des Katalogisierens und des Urteilens unterbunden. Gewöhnen Sie sich an das Sterben, an die Momente, in welchen dieser Prozeß abwesend ist. In Abwesenheit des psychologischen Gedächtnisses ist ihre Existenz in jedem Augenblicke neu.

In jeder Handlung und in jedem Gedanken sollte das «Ich» einen Schritt zurücktreten, damit motivlose Wachheit und das vollständige Körperorgan ins Spiel kommen können. Praktisch gesagt ist dies der erste Schritt. Die Werkzeuge der Existenz stellen kein Problem dar. Erst wenn Sie sich mit dem identifizieren, was bloße Werkzeuge sind, tauchen Probleme auf. Sobald Sie die Funktionen unpersönliche Funktionen sein lassen, werden diese unendlich wirksamer und vielfältiger. In der einfachen Funktion liegt Schönheit.

Vergessen Sie nicht, daß Liebe und Freiheit nichts mit dem Gedächtnis zu tun haben; wenn Sie aber an Liebe und Freiheit *denken*, verwandeln Sie diese unter Anwendung des Gedächtnisses in Ideen. Bleiben Sie beim lebendigen Begreifen, bevor der Reflex des Vergegenständlichens und Besitzenwollens eintreten kann.

Lauschen bedeutet, für alle Ausdrucksformen des Lebens offen zu sein.

Die Kunst des Lauschens

Sie sagen, ein von psychologischer Einmischung befreiter Körper-Geist komme spontan zum Lauschen, welches das Instrument der Selbst-Erforschung sei. Könnten Sie mehr darüber sagen?

Sie können Ihr wahres Wesen nicht mit Hilfe des Gedächtnisses entdecken, sondern nur durch multidimensionale Aufmerksamkeit, die sich in Abwesenheit des Gedächtnisses ganz natürlich einstellt. Diese uns eingeborene Aufmerksamkeit ist Lauschen. Beim Lauschen fühlen Sie sich selber in der Weite, im Grenzenlosen, wo es keinen Lauschenden oder Schauenden gibt. Allein im Lauschen kann die Umwandlung vom Kenntnis-Haben zum Wissen-Sein stattfinden. Lauschen ist eine Kunst, mit der Sie sich vertraut machen müssen. Es bedeutet, für alle Ausdrucksformen des Lebens offen zu sein. Die Ausdrucksformen des Lebens wiederholen sich nie. Es bestehen vielleicht Analogien, Wiederholungen gibt es aber keine. Erkennen Sie, daß die scheinbare Wiederholung nur das Gedächtnis ist!

Lauschen ist ein Willkommenheißen ohne Bezugnehmen auf bereits Bekanntes. Wahres Entdecken findet sich nur im Augenblick selbst. Das Unbekannte läßt sich niemals durch das Bekannte verstehen. Wir sind dazu erzogen, Erfahrungen zu machen, absichtsvoll zu sehen, zu interpretieren, müssen aber die Möglichkeit des Lebens als Nicht-Erfahrung erforschen. Dieses Forschen geschieht in einem Lauschen ohne Reagieren. Im unbedingten Lauschen sind wir für alle Möglichkeiten offen, und in Abwesenheit von Beschränkungen kann es zu direkter Wahrnehmung kommen.

Wie kann ich mich mit der Kunst des Lauschens vertraut machen?
Einzig, indem Sie sie leben, so wie ein Musiker zuhörend das Zuhören lernt. Es gibt keine Technik, Disziplin oder Idee, die Sie an die Stelle des Lauschens selbst setzen könnten. Das alles sind Süßigkeiten für das Ego. Je vertrauter Sie durch Lauschen mit dem Lauschen werden, desto freier sind Sie von der Selbstvorstellung. Die Unterweisung soll Sie nur zum Lauschen zurückbringen. Beim Lauschen gibt es nichts zu erlauschen; Sie finden sich in Offenheit, im Nicht-Zustand des Lauschens selbst.

Sie sagen, Lauschen stelle sich durch Lauschen ein. Könnten Sie näher erklären, was es wirklich ist?
Lauschen ist kein Gehirnprozeß. Es ist keine Funktion. Es ist offene, von jeglicher Vorwegnahme, von jedem Erreichenwollen oder Erfolgsstreben befreite Empfänglichkeit. Es ist auch keine Haltung, die einzunehmen ist, noch beschränkt es sich auf die Ohren – so wie es nichts mit den Sehorganen zu tun hat, wenn Sie etwas begreifen und dann sagen: «Ah ja, ich sehe!»

Wie kann ich zu dieser umfassenden Empfänglichkeit gelangen?

Wenn Sie Ihre Aufmerksamkeit einmal bis zu den Ohren gehen lassen, werden Sie spüren, daß diese dauernd festhalten wollen. Dasselbe gilt für die Augen, den Geist und alle Ihre Sinnesorgane. Lassen Sie los, und Sie werden finden, daß Ihr ganzer Körper spontan zu einem Organ der Empfänglichkeit wird. Das Ohr ist einfach ein Kanal für diese umfassende Empfindung. Es ist kein Selbstzweck. Was gehört wird, wird dann auch empfunden, gesehen, gerochen und berührt. Ihre fünf Sinne, Ihre Intelligenz und Ihre Einbildungskraft werden befreit und kommen ins Spiel. Sie empfinden sie als völlig im Raum ausgedehnt, ohne Zentrum oder Peripherie. Das Ego, eine Kontraktion, kann in dieser Gegenwärtigkeit keinen Halt finden, und Angst, Zuneigung oder Abneigung lösen sich auf. Sie fühlen diese Totalität, ohne sie zu fühlen. Sie fühlen sie, können sie jedoch nicht in die Kategorien bekannter Gefühle einordnen.

Die Sinnesorgane verweisen nur auf ein umfassendes Gewahrsein. Gewöhnlich eignen sie sich aber das erscheinende Objekt an und verhindern, daß es sich in Ihrer Totalität entfaltet. Versuchen Sie, zu schauen und zu lauschen, ohne Ihre Aufmerksamkeit auf spezifische Gegenstände zu fokussieren. Lassen Sie Ihr Hören und Sehen ihre organische Multidimensionalität finden. Sobald Ihr Hören ohne Ziel und ohne Beweggrund ist, wird es zu unbedingtem Lauschen. Alles, was auftaucht, ist in diesem Lauschen, aber es gibt keinen Lauschenden, der sich auf irgendeinen Laut konzentriert. Letztlich verschwinden alle Laute im Lauschen selbst.

Da sind Sie eins mit dem Augenblick. Es gibt keinen Raum, und also auch keine Zeit. Wirkliches Lauschen ist raumlos und zeitlos. Weil es sich dabei um ein Lauschen als Sein und nicht um eine Funktion handelt, ist es nicht von einem gehörten Objekt abhängig. Lauschen ohne Repräsentation ist wie ein Magnet, welcher alle Objekte an sich zieht und in welchem sie verschwinden. Lauschen bezieht sich auf es selber. Es ist der natürliche Zustand. So kommen Sie zu dem tiefgründigen Schluß, daß alle Laute auf die Stille verweisen und daß die Stille vor und nach jedem Hören ist.

Ist es nicht natürlich, das Angenehme und Schöne anschauen oder anhören zu wollen? Müssen wir in der heutigen Welt nicht unvermeidlich eine Wahl treffen? Sie haben wiederholt gesagt, wir müßten im Leben eine Wahl treffen, um die schönsten Dinge in unserer Gesellschaft zu sehen. Wer sagt uns, was schön ist?

Wir bestehen aus Harmonie, und das, was sie widerspiegelt, wird für uns anziehend sein. Aber diese Harmonie hat mit dem, was gemeinhin angenehm oder schön genannt wird, nichts zu tun. Wenn wir im Schönen leben, ist da ein spontanes Unterscheidungsvermögen, welches nicht auf den Konventionen beruht. Sehen Sie klar, ob Ihnen etwas gefällt, weil es dem vorherrschenden Geschmack entspricht oder weil es Ihr globales, zeitloses Sein anspricht.

Weshalb wollen die Sinne etwas festhalten?
Der Geist kontrolliert den Körper bruchstückweise. Dies ist eine tiefverwurzelte Konditionierung, die wir als selbstverständlich hinnehmen. Das Gehirn funktio-

niert in Abläufen. Damit die globale Empfindung funktionieren kann, muß die alltägliche Gehirntätigkeit aussetzen. In Ihrem natürlichen Zustand geschieht dies sehr oft; Sie leben aber auf eine unnatürliche Weise, in dauernder Unruhe, Geistestätigkeit. So haben Sie die globale Körperempfindung verloren.

Lauschen ist passiv und aktiv. Passiv, weil kein Aufseher-Ego, kein Gedächtnis sich einmischt, deshalb ist es auch total aufnahmebereit. Aktiv, weil es in jedem Augenblick hellwach ist. Lauschen ist Gewahrsein. Sie brauchen nicht endlos zu üben, also Gewohnheiten bekämpfen, um lauschen zu können. Seien Sie einfach gewahr, daß Sie nicht lauschen. Verbringen Sie nur einen Vormittag damit, keine Schlußfolgerungen zu treffen, nicht zu interpretieren. Lassen Sie Ihr Ego nur auf die Dauer eines Vormittags ruhen, und beobachten Sie.

Wo ist der Geist, wenn, wie Sie sagten, der ganze Körper ins Spiel kommt?
Gewöhnlich beherrscht die geistige Funktion unsere Sinne, unsere Wahrnehmung. Damit es zum umfassenden Lauschen, unserem organischen Zustand, kommen kann, muß diese Herrschaft ein Ende nehmen. Auch in der Stille funktioniert der Geist, nimmt er seinen Platz neben den anderen Körperfunktionen ein; sein Funktionieren bezieht sich jedoch nicht mehr auf ein Zentrum. Er nimmt nur wahr und benennt. Ein Geist, der sich einfach bewegt, stellt kein Problem dar. Im Gegenteil, wenn der Intellekt in der Stille gründet, wird alles spontan auf diesen Grund bezogen.

Sie sehen eine Rose. Der Intellekt nimmt sie wahr und benennt sie. Perfektes Funktionieren. Dann aber fährt er fort, greift in die Wahrnehmung ein und verhindert deren Entfaltung in der direkten Wahrnehmung. Die eingebildete Person, Zentrum aller Ansichten, sieht die Farbe und vergleicht, mag sie oder mag sie vielleicht auch nicht. Sie denkt an deren Schönheit oder nimmt auf irgend etwas Vergangenes Bezug. Wo bleibt aber während dieser Tätigkeit der wirkliche Duft der Rose?

Die psychologische Aktivität ist bruchstückhaft und geschieht in Abläufen. Es kann immer nur eine Wahrnehmung oder eine Vorstellung auf einmal geben; deshalb kann man unmöglich mit der alltäglichen Geistesfunktion die Rose in ihrer Ganzheit empfinden. Sie können höchstens ihre Teile zusammenzählen. Der echte Duft der Rose, das, was sie wirklich ist, findet sich nicht in einem Bündel von Fragmenten. Wenn Sie nicht mehr die Teile betonen, wenn der Geist still wird, entfaltet sie sich in ihrer ganzen Herrlichkeit in Ihnen. Ihr Duft durchdringt Sie ganz. Die Rose ist Sie. Sie sind eins.

Lassen Sie also beim Lauschen den Geist ruhen, so wie Ihre Beine bewegungslos sind, wenn Sie sie nicht benötigen. Lassen Sie die Worte, Empfindungen, Situationen in Ihnen erblühen und Ihnen ihren Duft mitteilen. Leben Sie mit diesem Duft.

Manchmal empfinde ich einen Widerstand demgegenüber, was Sie sagen. Ich bin skeptisch und kann Ihnen nicht glauben.

Zuerst einmal: Machen Sie sich keine Gedanken über den Glauben! Glaube interessiert mich nicht. Es ist der Geist, der glaubt, und Sie sind nicht der Geist. Lassen

Sie also Glauben und Unglauben beiseite. Betrachten Sie Ihren Widerstand. Analysieren Sie seine «Warum» und seine «Wozu» nicht. Nehmen Sie einfach von der Tatsache Notiz, daß Sie nicht lauschen, sondern reagieren. Sehr oft, wenn Menschen denken, sie hätten verstanden, handelt es sich dabei nur um eine Art Reaktion, welche auf Interpretation, Sympathie oder Abneigung beruht. Lauschen ist deutungsloses Willkommenheißen. Nehmen Sie Notiz davon, daß Sie Angst vor dem Aufgeben des Interpretierens haben, weil das Ego dann nichts mehr produzieren kann. Willkommenheißen bedeutet nicht Zustimmen. Es hat seinen eigenen Geschmack.

Seien Sie wach, und beobachten Sie gleichzeitig die Worte, die Sie hören, und Ihr psychosomatisches Feld. Achten Sie auf jede Regung, die auf Bestimmen, Urteilen, Analysieren hinzielt. Wenn Sie sehen, daß Ihr Lauschen nicht frei von Einmischung ist, daß alles auf ein Subjekt, auf einen Gesichtspunkt bezogen ist, verliert der Reaktionszyklus seine Dynamik. Ein aufmerksames Beobachten stoppt den psychologischen Prozeß. Er ist wie ein Dieb, der nur im verborgenen arbeiten kann. Sobald das Licht auf ihn gerichtet wird, wird sein Tun offenbar, und er verliert seine Macht. Wenn der unruhige Geist sich entspannt, können Sie sich in einem nicht-zeitlichen Augenblick wahren Lauschens finden.

Es fällt mir sehr schwer, nicht zu versuchen, das, was Sie sagen, in Erinnerung zu behalten. Ich will es nicht vergessen!
Versuchen Sie nie festzuhalten, was hier gesagt wird. Wenn Sie dies tun, kaufen Sie Ihr Weihnachtsgeschenk mit Ihrem eigenen Geld, während das Geschenk, das als

Gabe zu Ihnen kommt, viel mehr Freude bringt. Lassen Sie die Worte ihren konkreten Charakter verlieren. Wenn Sie den Akzent auf die Sprache, die Bedeutung, legen, verlieren die Worte ihre Würze. Wenn Sie lauschen, ohne behalten zu wollen, wird das Gesagte früher oder später Ihr ganzes Sein berühren, und Reife kann sich plötzlich einstellen. Leben Sie also mit dem Duft des Gesagten, und versuchen Sie nicht, dessen Sinn zu erfassen. Der Zeitpunkt wird kommen, wo die Essenz des Gesagten an die Oberfläche kommt und Sie vom Wissen als Sein ergriffen werden. Das ist kein mentales Ereignis, Sie können es nicht erreichen. Es ist eine Gabe.

Was bedeutet «Gabe»?
Das ist nur eine Ausdrucksweise. Das ist niemand, der gibt, und niemand, der erhält. Es kommt nicht von irgendwo, sondern erhebt sich in Ihnen als Sie selbst. Ich habe den Ausdruck «Gabe» gebraucht, weil ich betonen wollte, daß Sie nichts tun können, um zum Wissen als Sein zu gelangen. Sie müssen auf dieselbe entspannte Weise zuhören wie beim Lesen eines Gedichtes oder beim Betrachten eines Gemäldes. Empfinden Sie Rhythmus, Klang und Farbe ohne Schlußfolgerung.

Wie können Lebensfragen gelöst werden, wenn wir ohne Schlußfolgerungen leben?
Ich sage nicht, daß es keine Schlußfolgerungen gibt, sondern daß die Lösung unmittelbar aus der Situation selbst und nicht aus Ihren Projektionen kommt. Jede Situation ist einzigartig und enthält ihre eigene Antwort. Wenn Sie einer Situation aus Ihrer Totalität und ohne

Eingreifen einer «Ich-Vorstellung» lauschen, ist das direkte Wahrnehmung. Dann kann die Situation in Ihnen ihren Abschluß finden. Wenn Sie versuchen, eine Lösung zu manipulieren, mögen Sie die Dinge zeitweilig zur Befriedigung Ihres Ego verändern können, Sie werden aber auf einer persönlichen und konfliktgeladenen Ebene bleiben.

Der Geist kann alle Möbel des Raumes umstellen, die Wände aber bleiben. Weshalb innerhalb von Mauern leben? Ihr Sein, Ihr Friede, Ihre höchste Befriedigung liegt im Grenzenlosen, im Zeitlosen.

*Man muß klar zwischen dem Seienden
und dem Existierenden unterscheiden.*

Unterscheidungsvermögen

Der natürliche, unwillkürliche Reflex unseres Gehirns ist Aufmerksamkeit, so wie der angeborene Reflex des Auges das Sehen, jener des Ohres das Hören, jener der Haut der Tastsinn ist, und so fort. Da es sich dabei um einen natürlichen Reflex handelt, ist kein benanntes Objekt zum Sehen, zum Hören oder zur Aufmerksamkeit erforderlich. Wenn uns ein Gegenstand anzieht, nehmen wir ihn wahr, wir erkennen eine Form. Die Wahrnehmung gehört den Sinnesorganen an. Wenn Sie in einem Wald spazierengehen, nehmen Sie Bäume, Farben und Geräusche wahr, ohne diese als «Baum», «blau», oder «Vogelgesang» zu bezeichnen. Der Name taucht auf und verschwindet wieder, ohne daß Sie dessen gewahr sind, folglich kann er kaum als Name bezeichnet werden. Es handelt sich eher um ein vages Bezugnehmen auf das Gedächtnis. Dies gehört zu der organischen Funktion des Gehirns, der Kognition.

Wenn es notwendig ist zu unterscheiden, bleibt die Bezugnahme bestehen und wird als Begriff, als Name konkretisiert. Das ist ein auf dem funktionalen Gedächtnis beruhendes Wiedererkennen. Auch das ist ein

Prozeß, der unserer menschlichen Natur eingeboren ist und der noch zur motivlosen Aufmerksamkeit des Gehirns gehört. Die Bewegung von der Wahrnehmung zur Begriffsbildung oder von der Form zum Namen findet spontan in einem Sekundenbruchteil statt und bezieht sich nicht auf einen Agenten.

Sehr oft beziehen sich Wahrnehmung und Begriff aber auf einen Agenten, auf ein angenommenes Zentrum. Dieser «Kontrolleur» ist die über Millionen Jahre durch Gewohnheit verstärkte Idee einer getrennten Wesenheit. Jedes sogenannte individuelle Zentrum entwickelt seine eigenen Muster der Analyse, der Ausdeutung, der Rechtfertigung, der Verteidigung, des Vergleichens und des Beurteilens und stülpt diese der Wahrnehmung und deren Begriff über. Diese psychologische Einmischung stellt sich der Wahrnehmung – das heißt den Sinnen – entgegen und verhindert, daß sie sich voll entfalten können.

Was bleibt, ist eine Verfremdung des reinen Begriffs zu einer auf dem psychologischen Gedächtnis beruhenden Repräsentation. Der Name verliert dadurch seine Transparenz und nimmt auf ein Bündel kristallisierter Reaktionen Bezug. Wenn die Benennung mit Ansichten befrachtet ist, verliert sie ihren wahren, symbolischen Wert als Fenster aus der Stille zur Stille. Das Verwechseln einer psychologischen Repräsentation mit einer Wahrnehmung ist Symptom der Illusion, welche das Schema eines vom Beobachter verschiedenen Beobachteten aufrechterhält.

Sie haben gesagt, die Notwendigkeit der Unterscheidung führe zur Begriffsbildung. Woher kommt diese Notwendigkeit?
Um als Mensch mit anderen Menschen in der Welt

funktionieren zu können, muß man den Unterschied zwischen einem Schuh und einem Hut kennen. Die Konkretisierung der Kognition zum Begriff bringt die Sprache hervor. Die Sprache ist eine Vereinbarung, eine Konvention. Sie ist zweckmäßige Orientierung innerhalb des umfassenden Gewahrseins, und wenn sie rein funktional bleibt, ist sie automatisch sparsam, angemessen und entsteht und stirbt im Gewahrsein. Vom Standpunkt des Individuums aus besteht die Notwendigkeit zu denken allein, weil die Person aufrechterhalten werden soll. Die Vorstellung, eine «Person» zu sein, ist, wie alle Vorstellungen, im Gehirn lokalisiert. Sie ist eine Kontraktion, die sich von der globalen Empfänglichkeit abkapselt. Diese Vorstellung ist derart erdrückend, daß sie jeden Gedanken und jede Empfindung beherrscht. So beherrscht der Begriff die Wahrnehmung, der Kopf den Körper, und die verbale Kommunikation hat den Vorrang vor anderen wichtigen Kommunikationsformen eingenommen.

Sie müssen klar den Unterschied zwischen dem Psychologischen mit Ich-Bezug und dem rein Funktionalen und nicht auf ein Zentrum Bezogenen sehen.

Sie haben gesagt, Benennung sei ein Fenster von der Stille zur Stille. Was meinen Sie damit?
Der Name ist nur dazu da, das Objekt zu unserer Aufmerksamkeit zu bringen. Da eine Wahrnehmung und ein Begriff aber nicht gleichzeitig existieren können, muß der Name sofort wieder verschwinden, damit die Wahrnehmung sich in der Aufmerksamkeit ohne Gedanken auflösen kann. Ein Objekt hat keine autonome Existenz; es lebt allein im Bewußtsein.

Ist diese unverstellte Aufmerksamkeit die besagte Stille?
Die Aufmerksamkeit ist noch als Funktion im Gehirn lokalisiert. Die Stille ist Hintergrund aller Funktionen. Das entspannte Gehirn steht nicht still, es ist ständig in sanfter Bewegung. Es ist ein Pulsieren, das aber nicht konkretisiert wird. Diese Regungen erheben sich und sterben in totaler Abwesenheit Ihrer Projektionen – in der Fülle Ihrer Stille –, und diese ist ihr natürliches Sein.

Was geschieht, wenn der Begriff die Wahrnehmung zu unserer Aufmerksamkeit bringt?
Wenn der Begriff verschwunden ist, verliert die Wahrnehmung ihre Lokalisierung in einem einzigen Sinn, und alle Sinne können sich nun frei entfalten. In diesem Willkommenheißen verliert das Objekt seine Objektivität und offenbart das Willkommenheißen selbst. Ich nenne dies gelegentlich reine oder direkte Wahrnehmung.

Außerhalb der Sinne existiert nichts Bekanntes. Da ist offenbar eine Stimulation, das stimulierende «Objekt» wird aber nur durch die Sinne erkannt. Die Entfaltung der Sinne offenbart deren Urgrund. Das entblößte Bekannte offenbart das Unbekannte.

Könnten Sie mehr über den Prozeß der Entfaltung der Sinne sagen?
Die Wahrnehmung wird durch ein Sinnesorgan aufgefaßt und durch den Begriff zur Aufmerksamkeit gebracht. Wenn der Begriff das Objekt nicht festhält, wenn es also nicht zu einer Repräsentation wird, wird es automatisch auf alle Sinne übertragen. In diesem

Loslassen der Vergegenständlichung können sich die Sinne in der entspannten Aufmerksamkeit entfalten, und es kommt zu einem Moment, wo der Akzent sich von den Sinnen weg auf die Aufmerksamkeit verlegt. Diese Aufmerksamkeit ist noch als im Gehirn lokalisiert wahrnehmbar, und wenn Sie sie erkennen, werden Sie von einer Empfindung der Weite erfaßt. Das ist umfassendes Gewahrsein an der Schwelle des Seins, Ihres natürlichen Nicht-Zustandes.

Die Entfaltung der Sinne bringt Sie daher letztlich zur Stille, in welcher es keine Objekte und folglich weder Spannungen noch Konflikte gibt. Sie fühlen, wie alles Funktionieren in dieser von aller Unruhe befreiten Stille kommt und geht. Wie ein Ton klingt es in der Stille auf und verklingt wieder in der Stille.

Meinen Sie das, wenn Sie sagen, daß «jedes Objekt auf das Bewußtsein verweist»?
Ein Objekt ist Name und Form. Name und Form gehören zum Körper, zu den Sinnen und zum Geist. Ein Objekt existiert einzig, weil es ein Subjekt gibt. Wenn wir es aber näher untersuchen, erkennen wir das sogenannte Subjekt, mit welchem wir uns identifiziert haben, ebenfalls als Objekt. Es kann von einem höheren Subjekt – manchmal aus pädagogischen Gründen «Zeuge» oder «Zuschauer» genannt – wahrgenommen werden. Der Zuschauer existiert nicht. Es gibt nur das Zuschauen, und das ist Gewahrsein, Bewußtsein, unser natürlicher Zustand.

Wenn eine Identifizierung mit dem relativen Subjekt besteht, wird Dualität aufrechterhalten, und das Objekt kann sich der Objektivität nicht entledigen. Wenn das

Subjekt aber als Geistesfunktion gesehen wird, welche weder Autonomie noch Substanz hat, werden Name und Form aufgegeben. In diesem Loslassen verliert das Objekt seine Objektivität und verweist unmittelbar auf unsere Totalität, Bewußtsein ohne Objekt.

Wenn Identifikation mit einem Subjekt besteht, ist man an Begriffe gekettet. Ist das Zurückgehen auf Subjekte ad infinitum im philosophischen Idealismus nur dies?
Das Bewußtsein ist Wissen als Sein. Das ist Totalität. Vom Gesichtspunkt des Geistes aus gesehen, erfordert jedes Objekt ein Subjekt, jedes Subjekt ein Objekt. Dieses sogenannte Subjekt ist aber ebenfalls ein vom Bewußtsein wahrgenommenes Objekt. Darin liegt die ewige Freude, Liebe und Freiheit.
Man muß klar zwischen dem Seienden und dem Existierenden unterscheiden. Die Existenz lebt im Bewußtsein. Das Bewußtsein findet in der Existenz Ausdruck. Es ist die Totalität und wird durch die Existenz in keiner Hinsicht verkleinert oder vergrößert.

Könnten Sie die Stufen, welche zur nicht-persönlichen, nicht-subjektiven Beobachtung führen, näher beschreiben?
Wenn sich ein Objekt im Bewußtsein zeigt und Sie nicht als Ego eine Beziehung dazu herstellen, existieren weder Absicht noch Erwartung. Der Geist wartet nicht auf eine Lösung. Das Beobachten ist dann reaktionsfreie Aufmerksamkeit. Sie stellen nichts mit dem Objekt an und versuchen auch nicht, etwas daraus zu gewinnen. In dieser Nicht-Beziehung kommt der Geist zur Ruhe – ganz einfach weil er keine Rolle mehr zu

spielen hat. Mühelos finden Sie sich in Offenheit, von der Vergangenheit befreit.

Wenn Sie auf eine «Erfahrung» warten, ist die ganze Vergangenheit noch aktiv. Sie sind noch gefühlsmäßig ans Objekt gebunden, warten auf eine Lösung, wollen die Gegenwart ändern, analysieren oder umwandeln. So hoffen Sie, zu einer Erfahrung zu kommen. Sehen Sie, was es bedeutet, einfach zu sein, gegenwärtig ohne irgendein Zentrum für Ihre unterbewußte oder unbewußte Psyche. Da gibt es nur Beobachten. In einer solchen Beobachtung sind Sie nicht an die Vergangenheit gekettet. Sie sind frei, und die Trennung zwischen Beobachter und Beobachtetem – «Ich» und «Mich» – löst sich auf. Sie finden sich in völliger Stille.

Eine neue Empfindsamkeit wird geboren, sobald die Gehirnbewegungen aufhören. Das Denken, die Emotionalität, die Absichtlichkeit verebben, und Sie finden sich in der ursprünglichen Ruhe des Körpers, der Sinne und des Geistes. Da gibt es keine Regung mehr, die von einem Zentrum, von einer Person herrührt, nur eine Regung, welche in Gleichzeitigkeit durch Ihr ganzes Sein hindurch stattfindet.

Kann man die reine Wahrnehmung ohne Einmischung einer «Ich»-Vorstellung einüben?
Absolut. Sie könnten bewußt in einer Landschaft sein, ohne im Rahmen von Form und Name zu verbleiben. Wenn ein Maler nicht auf Name und Form fixiert ist, malt er mehr als nur einfach einen Baum oder ein Dach. Er malt, was in Form und Namen nicht sichtbar wird. Ein Baum, den man nicht auf sich selbst bezieht, hat unendliche Möglichkeiten. Ein Objekt sollte nicht in den

Rahmen von Gedächtnis und Erwartung gepreßt werden. Wenn da nur einfaches Schauen ohne geistige Einmischung ist, besteht Offenheit, Willkommenheißen, und der Gegenstand entspannt sich und kann in der Gastlichkeit Ihres ganzen Seins erblühen.

Die Vorstellung der Person, das ständige Denken, ist eine Abwehr gegen dieses Willkommenheißen, diese Offenheit, in welcher es nichts zu beschützen oder zu behaupten gibt. In der Offenheit ist der Gegenstand schwächer als das Subjekt, und es findet eine Energieübertragung zum empfangenden Pol hin statt. Das ist direkte Wahrnehmung.

Welcher Unterschied besteht zwischen der Wahrnehmung eines sehr kleinen Kindes und jener eines Weisen? Nehmen nicht beide direkt und ohne Einmischung eines Ego wahr?
Ja. Beide sind gleichermaßen von psychologischen Eingriffen frei. In diesem Sinne werden Weise wie kleine Kinder. Das Kind weiß den Gegenstand jedoch nicht in sich selbst wie der Weise. Bei einem Neugeborenen ist die Wahrnehmung instinktiv und nicht bewußt, und es kann zur Identifizierung mit dem Gegenstand kommen. Bei dem, der um sein Sein weiß, ist die Wahrnehmungsfähigkeit spontan auf dieses Wissen hin orientiert. Alles Funktionieren verweist darauf.

Ist reine Wahrnehmung irgendwo lokalisiert? In anderen Worten: Besteht in der bewußten Wahrnehmung noch Dualität?
Die Wahrnehmung ist noch eine Funktion des Gehirns, da sie durch die Sinne hindurch erscheint; wenn sie aber nicht auf der zerebralen Ebene fixiert wird, folgt sie der

Anziehung, die das globale Gewahrsein ausübt – gleich der von der Flamme unwiderstehlich angezogenen Motte. Globales Gewahrsein ist jedoch immer noch ein Gewahrsein «von», eine Akzentuierung des Subjekts, ein Gefühl von Ganzheit. Es ist seiner selbst gewahr – eine subtile Dualität. Die ist nicht gleichbedeutend mit der Selbsterkenntnis in Sahaja, dem Nicht-Zustand, wo kein Subjekt akzentuiert wird, welches die Quelle aller Funktionen und aller Zustände und unberührt von Anwesenheit oder Abwesenheit von Objekten wäre.

Können Sie mehr über die Verlagerung des Akzents von der Wahrnehmung auf die Aufmerksamkeit, vom objektiven auf den subjektiven Aspekt sprechen?
Zuerst steht das Wahrnehmungsobjekt im Vordergrund, und die Aufmerksamkeit, der Subjekt-Aspekt, steht im Hintergrund. Wenn die Aufmerksamkeit bemerkt und durch Entspannung und Abwesenheit psychologischer Eingriffe wie Interpretieren, Beurteilen, Analysieren unterstützt wird, weitet sie sich, und an einem bestimmten Punkt findet eine Art Implosion statt, durch welche der Objekt-Aspekt in den Hintergrund rückt und die Aufmerksamkeit in den Vordergrund gebracht wird. Nun liegt die Betonung auf dem Subjekt-Aspekt. Der Umschlag der Betonung besteht in dem plötzlichen Nachlassen der Lokalisierung im Gehirn, was zu einem globalen «Fühlen» jenseits der Sinne führt. Diese Erweiterung geht unmittelbar der Auflösung der Aufmerksamkeit als Wahrnehmung – des erweiterten «Ich» – in reines Gewahrsein voraus, in dem weder ein Objekt noch ein Subjekt akzentuiert wird und wo es kein Qualifizieren mehr gibt. Dieses

wird oft als das Höchste Subjekt bezeichnet – was Anlaß zu Mißverständnissen sein kann.

Wenn ich Sie richtig verstehe, offenbart sich ein sogenanntes Objekt als Inhalt des Körper-Geistes, und wenn dieser Inhalt seinerseits als Wahrnehmungsobjekt erkannt wird, bleibt man ganz einfach im Gewahrsein ohne Gehirntätigkeiten wie Beweggründe und Ziele. Dann ist man aller Vergegenständlichung entleert. Meine Frage lautet: Wie kann diese Leere Fülle sein? Man kann um die Abwesenheit von Objekten wissen, das ist doch sicher nicht die besagte Fülle des Seins?

Diese Frage ist sehr interessant. Wenn die letzte Schutzaktivität der «Ich»-Vorstellung aussetzt, verbleibt man einfach im Gegenwärtigsein. Es handelt sich dabei um eine richtungsfreie Gegenwärtigkeit ohne Gehirntätigkeit, wie Sie gesagt haben. Wo bin «Ich» in dieser richtungsfreien Stille? Der erste Eindruck kann eine Empfindung des Verlorenseins sein, weil eine Abwesenheit jeglicher Tätigkeit festgestellt wird. Das ist die negative Seite, manchmal als «Zustand der Leerheit» bezeichnet.

In diesem kritischen Augenblick müssen Sie sich in Erinnerung rufen, daß Sie nicht ein Zustand sind, müssen Sie sich mit der richtungsfreien Leere vertraut machen. Finden Sie sich selbst in der schöpferischen Kraft der Stille, und erforschen Sie das nicht-zerebrale Feld, das Richtungslose. Dann kommt ein Moment, wo es nichts mehr zu beobachten gibt und die – inzwischen sehr subtil gewordene – Trennung zwischen Beobachter und Beobachtetem spontan aufgehoben wird. Das ist «Meditation sein», wo niemand ist, der einer Sache gewahr wäre. Da ist niemand, der sich im Alltagsleben bewegt. Es gibt keine Begrenzung auf eine Individualität mehr. Da ist nur allumfassende Ganzheit. Dies ist ein Nicht-Zustand. Wenn Handlung angebracht ist, erscheint sie; wenn Sprechen nötig ist, erscheint der Laut; die Bewegung findet statt, wenn eine Bewegung nottut. Sie gebrauchen Ihre Fähigkeiten oder Ihre Sinnesorgane, wenn eine Notwendigkeit dazu besteht. Jedes Ding, jede Wahrnehmung, jeder Begriff, jede Empfindung und jedes Gefühl kommt aus der Ganzheit Ihres Seinseins.

Wenn die Gegenstände keine Gegenstände mehr sind, sondern Ausdruck unserer Totalität, muß die scheinbare Unabhängigkeit der Welt eine Täuschung sein?
Die sogenannte objektive Welt, die wir als gegeben annehmen, wird in jedem Augenblick geschaffen, in welchem wir sie durch einen Gedanken vergegenständlichen. Ihre scheinbare Autonomie ist bloße Projektion. Die Annahme, die Welt sei zu einem bestimmten Zeitpunkt erschaffen worden, ist nur eine Information aus zweiter Hand – eine Konvention des «gesunden Menschenverstandes». Die wirkliche Schöpfung ist eine Verlängerung, eine Kundgebung in Zeit und Raum der Stille, die Sie sind. Sie wird dauernd aktualisiert.

Wie kommt es, daß Menschen wie Kant oder Einstein die Natur der Existenz nicht voll verstehen konnten?
Kant erkannte, daß die Welt durch den Körper-Geist erkannt wird; er identifizierte sich aber noch mit diesem Körper-Geist und projizierte ein Ding an sich «da draußen». Einstein gelangte nicht zur Erkenntnis der Natur der Existenz, weil er sich mit ihr identifizierte. Wir

können niemals zum Unbekannten gelangen, indem wir dem Bekannten nachgehen. So können wir allein all das erkennen, was wir im Grunde *nicht* sind. Mit dem Geist können wir niemals die Totalität erkennen, nur Teile davon. Unser Ur-Irrtum ist, daß wir uns mit unserer psychosomatischen Struktur identifizieren und nicht einsehen, daß auch diese eine Wahrnehmung ist.

Wenn die Identifizierung mit dem Körper aufhört, gibt es kein Innen und Außen mehr, und die Welt – der Körper und alle seine Sinne inbegriffen – wird wieder in die Globalität aufgesogen, die manchmal als der Höchste Wahrnehmende bezeichnet wird. Was in Begriffen der Wahrnehmung nicht kennbar ist, ist dann lebendiges Wissen. Die scheinbare Unabhängigkeit der Welt gründet nur auf der irrigen Idee, welche das Bewußtsein mit dem Körper identifiziert. Wie könnte es außerhalb vom Körper eine autonome Welt geben, wenn er ebenfalls als Wahrnehmungsobjekt gesehen wird? Die Unendlichkeit ist nicht einfach eine geometrische Vorstellung. Die Unendlichkeit des Seins ist allumfassend.

Sie haben gesagt, reine Aufmerksamkeit finde sich an der Schwelle des Gewahrseins. Welcher Unterschied besteht dann zwischen Aufmerksamkeit und Gewahrsein?
Aufmerksamkeit ist noch eine Gehirnfunktion, auch wenn sie von psychologischen Eingriffen frei ist. Wenn die Aufmerksamkeit sich weitet, verlangsamt sich die Gehirnfunktion, und die Aufmerksamkeit fließt ins Gewahrsein. Von allen Begrenzungen freie Aufmerksamkeit und Gewahrsein sind ein und dasselbe.

Ist dieses Gewahrsein unser wahres Wesen?
Im Gewahrsein gibt es keine Begrenzung durch die Gehirnfunktion mehr, aber da ist noch eine begriffliche Dualität: Ich gewahre «etwas». Dieses «etwas» ist umfassendes Funktionieren, von Gehirntätigkeit und den Sinnen unberührte Energie. Hier finden Sie sich an der Schwelle Ihres ewigen Seins. Sie sind in nächster Nähe Ihres wahren Wesens, wo niemand irgend etwas gewahrt. Es ist der Hintergrund jeder Funktion.

Wie kommt man von der Schwelle zur Stille jenseits aller Bewegung?
Sie können die Schwelle nicht durch eine Tätigkeit überschreiten. Verweilen Sie nur einfach hier, und es wird Sie spontan ergreifen.

Welcher Natur ist dieses Verweilen?
Es ist ein «Warten ohne Warten», um Heideggers Worte zu gebrauchen, ein Zustand der Offenheit ohne Beweggrund oder Ziel. Es ist dem Staunen verwandt, der gegenstandsledigen Bewunderung. Indem Sie in bedingungsloser Offenheit leben, werden Sie von Ihrem wesentlichen Sein ergriffen. Sie müssen dieses Ergriffenwerden jedoch erwarten. Es gibt kein «Zu-ihm-Hingehen».

Gibt es an der Schwelle selbst noch eine Subjekt-Objekt-Beziehung, eine Dualität?
An der Schwelle des Seins ist Offenheit noch eine Wahrnehmung. Es ist der Duft der unvermeidlichen Selbst-Erkenntnis. Das Verweilen in dieser Unvermeidlichkeit bringt eine herrliche Entspannung und ein

Loslassen aller Rückstände der Individualität mit sich. In dieser Freiheit von Vergangenheit entfaltet sich Ihre Totalität, und plötzlich kommt ein Moment, in welchem sie die verbleibenden Rückstände der Person an sich zieht. Diese Rückstände haben nun ihren konkreten Charakter verloren und existieren zu diesem Zeitpunkt nur mehr als Repräsentationen, welche dann für immer vom magnetischen Lichte des reinen Seins absorbiert werden. Die Individualität, die Empfindung der Urheberschaft, das psychologische Gedächtnis verschwinden und kommen nie wieder – und Sie sind in die von allen Ideen des Werdens freie Stille aufgenommen. Nach dem Erwachen gibt es nichts zu gewinnen oder zu verlieren.

Gibt es nach diesem umwälzenden Ereignis keinerlei Gefühl?
Auf phänomenaler Ebene ist da ein Gefühl, welches der Dankbarkeit nahe kommt. Ein Gefühl der Dankbarkeit an sich, denn es bleibt niemand, der dankt, niemand, dem gedankt werden könnte. Es ist eine Opfergabe. Es ist reine Liebe.

Erleuchtung ist keine Erfahrung

Die fortschreitende und die direkte Annäherung

Wer sich auf das spirituelle Abenteuer einläßt, geht entweder den Weg der sogenannten fortschreitenden oder der direkten Annäherung. Ein Weg führt Sie von einem Punkt zu einem anderen. Dies ist ein logisches Vorgehen, wenn es darum geht, etwas zu erlangen. Was Sie bereits *sind*, können Sie jedoch nicht erreichen.

Der progressive Weg führt Sie von der relativen Existenz zum höchsten Prinzip, welches wir Sein nennen können. Er ist ein Weg der Läuterung und Tilgung, und er hat erkennbare Stufen, das heißt, er geht durch Erfahrungen hindurch. In allen Erfahrungen verbleiben Sie jedoch in der Subjekt-Objekt-Beziehung. Diese Subjekt-Objekt-Beziehung ist ein Ausdruck des Lebens, aber sie ist nicht das Leben selbst.

Warum sagen Sie, der progressive oder über verschiedene Entwicklungsstufen führende Weg halte uns in der Subjekt-Objekt-Beziehung gefangen?
Fortschritt kann nur durch Erfahrung, Vergleiche und

Deutungen, anders gesagt, durch das Gedächtnis erkannt werden. Folglich muß ein Bezugszentrum existieren – wie könnten Sie sonst von Entwicklungsstufen sprechen?

Stufen gehören dem Geist an. Was Sie aber bereits jetzt und immerwährend sind, ist weder Stufe noch Zustand noch Erfahrung. Letztere sind unbeständig und haben einen Anfang und ein Ende. Ihr wahres Wesen ist ohne Ursache und zeitlos. Wie könnten Sie also den Nicht-Zustand durch eine Folge von Zuständen erreichen? Solche Stufen mögen Ihnen sehr angenehme Erfahrungen bringen, das stimmt ... sie sind jedoch bloß Zuckerbrot für die «Ich-Vorstellung». Stufen sind eine Schöpfung des Ego, das sich dadurch auf immer subtilere Weise am Leben erhält. Wenn sie auch eine gewisse Läuterung und Tilgung mit sich bringen mögen, dem Nicht-Zustand können Sie sich mit ihrer Hilfe auch nicht um Haaresbreite nähern.

Was ist ein Nicht-Zustand? Ich kenne nur Zustände.
Immer dann, wenn die Selbstvorstellung abwesend ist, in den Momenten des Staunens, der Verwunderung, der Liebe, der Bewunderung, wenn es weder Zeit noch Raum gibt, ist der Nicht-Zustand. In ihm ist immer ein Überraschungselement enthalten. Er kann nicht vorhergesehen oder erreicht werden. Bewunderung und Staunen sind Hintergrund aller Wahrnehmung. Das ist Liebe, Ursprung alles Gebens.

Gibt es da kein Objekt der Bewunderung, wie zum Beispiel die Empfindung der Einheit?
Wenn Sie *etwas* bewundern, sind Sie in einer Beziehung

der Getrenntheit. Sie bleiben bei der Quantität und beim Vergleich. Im wahren Bewundern sind Sie mit der Wahrnehmung eins. Da ist niemand, der bewundert, und nichts, das bewundert wird. Alles ist weit, leicht, ohne Zentrum und ohne Peripherie. Sie sind nirgendwo. Bewunderung sonnt sich in ihrer eigenen Wärme. Es gibt keine Bezugnahme auf das bereits Bekannte. Es ist eine unerwartete, von Beweggründen und Ergebnissen freie Geste. In der Bewunderung gibt es keinen Erwerb, nur Befreiung. Sie ist der Geschmack Ihrer selbst.

Findet auf dem progressiven Weg keine Tilgung der in der Vergangenheit geprägten Konditionierungen statt?
Wenn Sie schrittweise vom Relativen zum Allerhöchsten fortschreiten wollen, bleibt Ihr Ego dabei im Spiel. Es ist ein Erreichenwollen. Sie bleiben dem Objekt verhaftet. Sie mögen ein Verhaltensmuster auslöschen, lernen aber bloß ein neues Muster, welches oft starrer und weniger interessant ist! Wenn auch nur der geringste Wert auf das Erreichen von etwas gelegt wird, huldigen Sie weiterhin der Gewohnheit, Ihre Freiheit und Freude zu vergegenständlichen. Sie sagen noch: «Ich habe dies und jenes erfahren.» Sie sind noch jemand, der etwas tut. Sie bleiben bruchstückhaft. Sie halten sich für einen Gefangenen, dessen Ziel die Freiheit ist. Aber diese Voraussetzung selbst ist illusorisch. Es gibt nichts zu erreichen, nichts zu verlieren.

So ist die Unfreiheit nur ein eingebildeter Zustand, oder liegt etwas Wirkliches darin?
Das ständige Bemühen, uns in der Wahrnehmung zu

finden, ist tief in uns verwurzelt. Was wir aber im Grunde sind, kann nie Objekt unserer Wahrnehmung sein. Versuchen Sie nicht, sich vom Körper zu befreien. Die Idee des Freiwerdens vom Körper gehört zum Körper. Sie müssen die Wahrnehmung Ihres Körpers akzeptieren. Akzeptieren Sie seine Funktionalität, seine Empfindungen, Gefühle, Reaktionen, Spannungen. Begnügen Sie sich nicht mit Ideen, mit Hörensagen. Wenn Sie tiefer schauen, werden Sie sehen, daß er nichts anderes als die fünf Sinne ist. Wenn die Sinne von der Aufsicht des Ego befreit sind, wird Ihr Körper vollkommen homogen. Der Geist ist ein Käfig, wenn Sie jedoch genau hinschauen, werden Sie darin keinen Gefangenen sehen.

Welchen Ausgang nimmt die fortschreitende Annäherung, wenn man dabei der Subjekt-Objekt-Beziehung verhaftet bleibt?
Das Ergebnis aller progressiven Wege ist das, was wir «Zustand der Leerheit» nennen. Wenn Sie über Stufen und Erfahrungen fortschreiten, verlassen Sie niemals das Schema, welches Sie zum Objektivieren Ihres wahren Wesens drängt. Sie mögen viele interessante Objekte, verschiedene Energiezentren, alle möglichen ekstatischen und dramatischen Gefühle finden. Eine gewisse Läuterung mag erfolgen, Sie werden aber unvermeidlich zu einem tragischen Moment gelangen. Die Endstufe kann nur die Abwesenheit jedes benannten Objektes sein. Das ist die totale Tilgung, doch aufgrund der Gewohnheit des Vergegenständlichens machen Sie einen Zustand, einen «Zustand der Leerheit», aus dieser Abwesenheit. Sie sind noch an eine subtile Subjekt-Ob-

jekt-Beziehung gebunden, und dieses letzte Objekt löst sich nur sehr schwer im Nicht-Zustand auf.

Meinen Sie, es sei unnötig, von Objekten leer zu sein, um zu der Stille hinter allen Phänomenen zu gelangen?
Der Zustand der Leerheit ist noch ein Zustand, in welchen Sie eingehen und den Sie wieder verlassen. Wenn Sie alle bekannten Objekte willentlich auf ein letztes Objekt – die Leere – reduziert haben, finden Sie sich mit einem unfaßbaren Rätsel: Da ist eine Gegenwärtigkeit in der Abwesenheit von Objekten, die jedoch in Gegenwart von Objekten nicht fortbesteht.

Weshalb bezeichnen Sie den Zustand der Leerheit als «tragisch»?
In Gegenwart der Abwesenheit leben Sie in einer Wüste, denn Sie haben allen Willen dafür eingesetzt, den Objekten zu entsagen. Sie sind gewissermaßen auf die Abwesenheit der Objekte fixiert. Diese Abwesenheit ist ein Zustand ohne jegliche Würze. Es kann «die dunkle Nacht der Seele» des heiligen Johannes vom Kreuz sein. Es ist eine sehr tragische Sache, sich in der Leere verlassen zu fühlen, ohne die Fülle, die Stille, welche weder durch Anwesenheit noch durch Abwesenheit der Phänomene berührt wird, zu kennen. In der wahren Hingabe ist kein Wille. Das Objekt gibt sich selbst durch Verstehen hin.

Sie haben gesagt, die Existenz sei der Film und wir seien das Licht, das den Film möglich mache. Als was würden Sie in diesem Gleichnis den Zustand der Leerheit bezeichnen?
Der Zustand der Leerheit ist die leere Leinwand. Wenn

Sie durch Ihren Willen die Leinwand von allen Bildern geleert haben, sind Sie der Leere verhaftet. In diesem Moment ist es schwierig zu begreifen, daß das, was Sie sind, nichts mit der Leinwand zu tun hat. Sie stehen nun der Leere gegenüber und können das Licht, die Fülle hinter sich nicht fühlen, da Sie diese bisher systematisch übersehen haben. Die fortschreitende Annäherung beginnt mit der Leinwand und deren Bildern, der gängigen Vorstellung einer dualistischen Existenz, von Subjekt und Objekt. Durch einen Tilgungsprozeß, durch Beobachtung und Forschen, durch Enthüllen des Objekts müht man sich, zur Ganzheit zu gelangen. Wenn Sie aber die Dualität als Ausgangspunkt akzeptieren, das heißt, eine an die Wahrnehmung gebundene Haltung eingenommen haben, ist es praktisch unmöglich, davon loszukommen. Die Praxis verstärkt diese nur noch mehr. Bei der direkten Annäherung gehen Sie unmittelbar von der Ganzheit aus, und jede Wahrnehmung wird nur im Licht der Ganzheit betrachtet. Wenn dies für Sie auch noch nicht Wirklichkeit ist, gehen Sie doch so vor, als ob es so wäre. Das ist sehr wichtig.

So können wir also überhaupt nichts durch Erfahrungen lernen?
Sie lernen viel mehr, wenn Sie sich fragen, was eine Erfahrung ist. Erfahren wir jemals *wirklich* eine Situation, oder erfahren wir nur unsere Reaktionen, die durch sie hervorgerufen werden? Gemeinhin spüren wir unsere anfängliche Reaktion nicht einmal. Viel zu oft weicht der Geist seinen eigenen Reaktionen aus, indem er sich auf alle möglichen Seitenwege begibt. Diese Doppelreaktion ist das, was wir gewöhnlich für das Leben oder die Erfahrung halten.

Können Sie mir ein Beispiel einer solchen Doppelreaktion geben?
Sie haben im Büro einen schlechten Tag gehabt, und wenn Sie nach Hause kommen, schimpfen Sie über die Kinder, die wie üblich lautstark spielen. Ihre schlechte Laune sucht nur nach einem Ventil. Reaktionen finden auf einer subtileren Ebene praktisch andauernd statt. Sie können jemandem begegnen, der Sie an jemand anders erinnert, so daß Sie die anwesende Person gar nicht richtig sehen. Sie können sich auch langweilen, ohne es nur zu bemerken, da Sie sich von dem Mangel durch verschiedenen Zeitvertreib ablenken. Damit etwas voll erfahren werden kann, muß der Geist leer und vom Gedächtnis, von Emotionalität, von Gewinnstreben und Erwartungen frei sein.

Was wir Erfahrung nennen, ist gewöhnlich die Wiederholung einer Empfindung oder aber eine Projektion des Gedächtnisses. Mechanische Wiederholungen führen zur Langeweile, und viele Menschen suchen lieber vermeintlich tiefe «spirituelle» Zustände, statt sich den Gründen ihrer Langeweile zu stellen. In diesem Sinne maskiert sich die mystische Suche als spirituelle Suche. Letztendlich betet der Geist dann seine Eigenfabrikationen an. Er hungert nach Befriedigung, aber Befriedigung und Vergnügen sind bloß unabsorbierte Empfindungen.

Im Bereich der Technologie ist ein bestimmtes Maß an Speicherung notwendig, und hier schafft das auch keine Probleme. Auf der psychologischen Ebene stärkt das Speichern sogenannter Erfahrungen nur das Ego. Damit ein wirkliches Ereignis stattfinden kann, müssen unsere Zuneigungen und Abneigungen, unsere Ansichten und unser Haften an der Vergnügen-Schmerz-Struktur enden. Das Wort «Erfahrung» schließt in unserem Sprachgebrauch einen Anfang und ein Ende ein. Es bedeutet etwas, das nicht dauerhaft ist, einen Zustand, in welchen wir ein- und ausgehen. Er gehört einem Erfahrenden an. Eine *wirkliche* Erfahrung ist deshalb eine Nicht-Erfahrung, da es da keinen erfahrenden Agenten gibt. Sie ist in der Ganzheit verwurzelt, nicht in Zeit und Raum. Sie läßt keine Rückstände in Form von Erinnerungen zurück, ist nicht vergleichbar und kann nicht gesucht werden.

Eine Nicht-Erfahrung erscheint spontan im ersten Offensein. Sie ist der Hintergrund aller Zustände. Sie kennen diese Nicht-Erfahrung aus gewissen Zeitpunkten im Leben, wo alles getan ist und noch keine Projektionen auf die nächste Sache hin bestehen, wenn Ihr Geist also total «unmöbliert» ist. Im allgemeinen halten Sie die Abwesenheit der Möbel für eine Abwesenheit von *etwas*. Sie vergegenständlichen die Abwesenheit, bleiben in Beziehung dazu. Legen Sie die Betonung nicht auf die Abwesenheit: Kommen Sie zur Abwesenheit der Abwesenheit!

Was ist Samādhi? Gehört er zum fortschreitenden oder zum direkten Weg?
Samādhi ist die Einstimmung auf eine Repräsentation, die eine sehr tiefe Empfindung in Ihnen erzeugt – zum Beispiel Fülle, Frieden, Freude, Gott, Liebe, die göttliche Mutter. Schließlich wird die Repräsentation sehr transparent und flüchtig. Samādhi bleibt dennoch ein Zustand, in welchen Sie eingehen und aus dem Sie wieder herauskommen. Es ist immer noch ein der sub-

tilsten Formen gewahres Subjekt da. Samādhi gehört vor allem dem Weg der fortschreitenden Annäherung an. In der direkten Annäherung kann er gelegentlich vorkommen, man mißt ihm aber keine Bedeutung bei, denn er hat nichts mit Sahaja, dem Nicht-Zustand, zu tun. Kennen Sie die Geschichte von dem großen Yogi, der seinen Jünger um ein Glas Wasser bat und dann – während der Jünger dieses holte – in tiefen Samādhi fiel? Er blieb dreißig Jahre lang darin, und bald scharten sich zahllose Bewunderer um ihn. Als er aus dem Samādhi auftauchte, bat er ... um das Glas Wasser!

Ist die Kundalinī ebenso wie der Samādhi eine Erfahrung?
Die Kundalinī gehört zu einer Technik. Hier herrscht noch der Glaube, es gebe etwas zu erreichen, etwas zu finden. Sie mögen den Weg der körperlichen Läuterung bis zum Ende gehen, bleiben aber mit einem leeren, geläuterten Körper da. Wie bereits erwähnt, löst sich bei der progressiven Annäherung dieses letzte Objekt nur sehr schwer auf. Jede Praxis gehört zum Geist. Durch die Praxis verliert Ihr Intellekt seine Empfindsamkeit und Beweglichkeit, weil er in einen Rahmen gepreßt wird.

Ich habe das Gefühl, daß ich mich ohne jegliche Disziplin überhaupt nicht ändern würde!
Wer würde sich nicht ändern? *Was* will sich nicht ändern? Stellen Sie erst einmal Ihren Wunsch nach Veränderung in Frage. Ihre Übungen sind nur Flucht vor der ersten Frage. Durch Disziplin können Sie die Position aller Gegenstände auf Ihrem Tisch verändern, doch dies

ist bloß eine oberflächliche Änderung. Wahre Umwandlung tritt ein, wenn Sie den Tisch umwerfen und alle Gegenstände hinunterfallen. Kommen Sie zur Einsicht, daß Sie fortwährend einer direkten Konfrontation mit Ihrem Ego ausweichen. Der Geist ist sehr schlau; eher wird er Sie dazu verführen, alle möglichen «Wege» einzuschlagen, als seine Kontrolle aufzugeben. Wenn Sie etwas ganz klar sehen, verliert dieses Muster alle Macht. Kein noch so großes Bemühen kann Sie zu einer klaren Einsicht bringen. Wenn Sie Ihren Mechanismus klar sehen, verlagert sich die Energie, die Achse Ihres Seins, und eine Wandlung tritt ein.

Ist diese unmittelbare Konfrontation der direkte Weg?
Wie bereits gesagt, stellen Sie sich auf dem direkten Weg – der strenggenommen kein Weg ist – unmittelbar dem höchsten Prinzip. Sie akzeptieren als Möglichkeit, daß Sie nicht der Körper, die Sinne und der Geist, sondern das Licht hinter allen Wahrnehmungen sind. Die grundlegende Voraussetzung der direkten Annäherung ist: Ihr globaler Nicht-Zustand ist bereits da, ist Ihnen natürlich und «erwartet» die tiefe Entspannung körperlicher und geistiger Gewohnheiten. Was in der Offenheit zwischen Ihren selbstgefälligen Beschäftigungen offenbar wird, ist Gott, Gnade, Gegenwärtigkeit. Es ist immer gegenwärtig. Jede Bewegung zu ihm hin ist also ein Entfernen, denn wenn Sie etwas haben wollen, gehen Sie davon aus, daß es Ihnen fehlt.

Keine Bemühung kann die Gegenwärtigkeit dazu bringen, zu erscheinen. Spirituelle Entwicklung gibt es nicht. Ihr natürliches Sein läßt sich nicht im Werden finden. Wenn Sie davon voll überzeugt sind, bringt dies eine neue Lebensdimension hervor, eine Offenheit, welche jenseits allen Werdens ist. Auf dem direkten Weg leben Sie von Anfang an mit dieser Dimension. Denn hier wird der Akzent nie aufs Objekt, auf die Wahrnehmung, gelegt. Alle Objekte erscheinen aus dem Hintergrund und verschwinden wieder darin, und sie dienen allein der Offenbarung des Hintergrundes. Was Sie *sind*, können Sie unmöglich erlangen. Es offenbart sich selbst von selbst.

Sie sprechen vom Beobachten, vom Kenner-Sein, was als eine Art Introversion interpretiert werden könnte; andererseits sagen Sie: «Lassen Sie die Empfindung aufkommen, geben Sie sich der Wahrnehmung hin.» Wie läßt sich das in Übereinstimmung bringen?
Die Begriffe «Introversion» und «Extroversion» sind durch die moderne Psychologie geprägt worden. Manche Leute sagen sogar, alles Wahrgenommene gehöre zur Extroversion und der Höchste Wahrnehmer bezeichne die Introversion. Wenn Sie aber nach dem Höchsten Wahrnehmer ausschauen, können Sie weder von innen noch von außen sprechen, weil er jenseits von Zeit und Raum ist. Daher lassen sich die Begriffe Introversion und Extroversion in unserer Anschauungsweise nicht anwenden.

In Übertragungen der *Yoga-Sūtra* von Patañjali wird das Wort Pratyāhāra oft mit «Zurückziehen der Sinne» übersetzt. Sie dürfen aber dieses Zurückziehen nicht als eine Bewegung nach innen, als Kontraktion der Sinne betrachten. Zurückziehen meint eher, daß man die *Betonung* der Sinne zurücknimmt. In diesem Loslassen ist Weite ohne jegliche Konzentration. Wenn die Betonung nicht länger auf dem Objekt, den Sinnen, sondern auf der multidimensionalen Aufmerksamkeit selbst liegt, kommt der Moment, wo sich die Sinne voll entfalten und plötzlich in nichtdimensionales Gewahrsein aufgesogen werden. Da gibt es kein Ziel oder Ergebnis zu erreichen, weder Befriedigung noch Vergnügen, denn dieses Gewahrsein selbst ist das, was Sie suchen.

Im Loslassen wird eine enorme Energie befreit, eine bisher durch Gewohnheiten fixierte Energie. Sie orchestriert sich dann neu und findet ihr Gleichgewicht in Ihrer Totalität. Es kommt zu einer Integration, und die Sinne nehmen automatisch den ihnen zustehenden Platz in der Symphonie des Lebens ein. Alles Wahrgenommene lebt in Ihnen, Sie leben aber nicht in ihm. Es ist nichts «da draußen». Das ganze Mysterium der Menschenwesen ist in Ihnen. Die Welt ist in Ihnen. Es gibt kein Fortschreiten. Wir müssen nur wissen, wie man richtig schaut. Das Problem liegt nicht in der Welt, sondern in unserer Weise zu schauen.

Wie wichtig ist das intellektuelle Verständnis für den direkten Weg?
Verstehen ist auf dem direkten Weg unerläßlich. Es ist die Aufgabe des Intellekts, seine Grenzen zu erkennen und Sie daran zu erinnern, daß Sie weder Begriff noch Erfahrung sind. Der Wissenschaftler legt die Betonung auf die Welt der Objekte. Er hat die Gewohnheit, sein Wissen augenblicklich mit einem «Ich verstehe» kundzugeben. Die globale Intuition, in welcher der Wahrheitssucher lebt, geht dem «Ich verstehe» voraus. Er weiß, daß diese nicht vergegenständlicht werden kann. Der Intellekt gründet im globalen Bewußtsein, in dessen Transparenz alle Wahrnehmungen auf das Bewußt-

sein verweisen, so daß in dem Augenblick, wo das Bewußtsein von Objekten leer ist, auch diese Leere direkt auf das Bewußtsein verweist. Die Leere wird nicht objektiviert, sondern löst sich im Hintergrund, Sahaja, dem Licht von Tätigkeit und Nicht-Tätigkeit auf. Deshalb wird auf dem direkten Weg der Zustand der Leerheit nie betont. Die Bewegung von der Leere zur Fülle ist der Augenblick der Gnade.

Auf dem direkten Weg wird aber doch das Ego eliminiert. Ist das nicht auch in einem gewissen Sinne ein Fortschritt?
Wir leben in Zeit und Raum. Wenn sich die Achse auch in einem einzigen Augenblick verlagert, braucht es doch Zeit, bis die vergangenen Gewohnheiten wegfallen. Nebenbei benutzen wir deshalb progressive Elemente zur Klärung, beispielsweise in der Arbeit mit den Körperempfindungen. Der Akzent liegt dabei jedoch nie auf dem Objekt, er wird auf den höchsten Nicht-Zustand gelegt. Wir stellen uns der Wahrnehmung in Offenheit, und in dieser Offenheit wird das Objekt exaltiert und teilt uns sein Geheimnis mit. Das Objekt ist ein Spiegel, ein Hinweis so wie die Spiegelung des Mondes, die uns wissen läßt, daß er am Himmel steht, wenn wir ihn im Wasser sehen. Das Hinweisen des Objektes stellt auf dem direkten Weg eine Art von Frohlocken dar. Durch das Objekt wird das höchste Subjekt offenbar. Die Gegenwart von Objekten findet ihren tiefsten Sinn in der Gegenwärtigkeit, die Ihr wahres Sein ist.

Auf dem progressiven Wege weisen Sie jedem Fragment eine bekannte Rangstellung zu. Auf dem direkten Weg gehen Sie mit dem Objekt eine Nicht-Beziehung ein. Dann gehört es Ihrer Ganzheit an.

Wie verstehen Sie das folgende Zen-Gleichnis: «Zuerst sind Berge da, dann gibt es keine Berge mehr, dann sind wieder Berge da»?
Zuerst sind Sie sich nur der Objekte bewußt. Sie sind mit den Bergen identifiziert. Dann werden Sie gewahr, daß Objekte existieren, weil sie wahrgenommen werden, weil Sie sind. Die Aufmerksamkeit wird dann auf den Wahrnehmenden gelegt, nicht auf die Objekte. Sehr bald erinnert Sie der Intellekt jedoch daran, daß der Wahrnehmende, der wahrgenommen werden kann, auch ein Objekt ist, und Sie werden vom Höchsten Wahrnehmenden, dem Gewahrsein selbst, dem «es sind keine Berge da», erfaßt. Das ist direkte Wahrnehmung. Solange aber der Körper in Zeit und Raum existiert, funktionieren die Sinne spontan in der Welt. Ohne die Beschränkungen, die ihnen von einem Wahrnehmer aufgedrängt werden, entfalten sich die Sinneswahrnehmungen, und es sind wieder Berge da. Diese werden nicht mehr als Objekte, sondern als Facetten einer harmonischen Wirklichkeit wahrgenommen. So sind sie nicht mehr Vergegenständlichungen im Raum, sondern Ausdruck der Stille, Kundgebung der Ganzheit, die Sie sind. Das ist dann eine völlig andere Verteilung der Energie in Ihnen selbst.

Wie geht man auf dem direkten Weg mit der mechanischen Neigung des Gehirns zu Aufeinanderfolge und Fortschritt um?
Lichtblicke der Wirklichkeit scheinen auf, und wenn die Betonung auf den Hintergrund, auf die Quelle dieser Lichtblicke gelegt wird und nicht darauf, sie zu einem Zustand zu konkretisieren, erlöschen die mecha-

nischen Ausdeutungsreflexe, weil sie nicht mehr benutzt werden.

Auf dem fortschreitenden Weg beziehen Sie sich dauernd durch Vergleiche mit Ihrem vorherigen Zustand auf die Erfahrung. Sie bleiben in Ihrer eigenen Finsternis. Die Betonung wird auf Avidyā, auf das Nicht-Wissen gelegt. Auf dem direkten Weg betonen Sie die Unwissenheit nicht, weil Ihr Blick auf das Licht, Vidyā, gerichtet ist. Das ist allein eine Frage der Betonung.

Ist die Meditation auf den beiden Wegen verschieden?
Aber ja! Auf dem progressiven Weg ist Meditation eine Disziplin zur Beruhigung des Geistes und soll zu einer Abwesenheit von Gedanken führen. Der Geist kann aber unmöglich dauerhaft ruhig sein. Eine Abwesenheit von Gedanken mit der Stille gleichzusetzen ist falsch. Stille ist jenseits der Gegenwart und Abwesenheit von Gedanken.

Sie können sich unmöglich bemühen, still zu sein. Sie können sich unmöglich bemühen, zu meditieren. Wenn Sie das sehen, was in Ihnen nicht still zu sein scheint, kommt Ihr Schauen selbst aus der Stille. Nur von der Stille aus können Sie Unruhe, Nervosität und so fort empfinden. Wären Sie in der Bewegung, wie könnten Sie dann darum wissen? Wenn Sie in einem Schnellzug reisen, der mit 200 Stundenkilometer Geschwindigkeit fährt, empfinden Sie die Geschwindigkeit nicht. Wenn Sie jedoch draußen auf festem Boden stehen, sehen Sie ihn vorüberhuschen.

Auf dem unmittelbaren Weg dient die Meditation im Sitzen nur als Labor zur Beobachtung Ihrer Mechanismen. Sie geben dem Beobachteten keinen Halt, so daß der Akzent von Anfang an auf dem Lauschen, auf der Beobachtung liegt. Zu anderen Zeitpunkten bezieht sich das Wort «Meditation» auf Ihren Hintergrund, auf die Stille oder die Gegenwärtigkeit, aus welcher sich alles spontan erhebt.

Ich habe eine alte jüdische Geschichte gelesen, die den Unterschied zwischen Meditation als Disziplin zur Beruhigung des Geistes und der lebendigen Meditation als Hintergrund der Handlung und Nicht-Handlung veranschaulicht:
«Es waren einmal ein Vater und sein Sohn, die beide große Weise waren; der Vater war jedoch der größere. Eines Tages ging er an einem Haus vorbei und hörte ein Baby schreien. Er trat ein und fand seinen Sohn in Meditation versunken, während dessen Kind in der Wiege weinte. Der Vater sagte zu seinem Sohn: «Mein Sohn, ich wußte nicht, daß dein Geist so klein ist. Wenn ich meditiere, höre ich auch noch die Fliege im Raum herumsummen.»

*Wenn niemand da ist, der meditiert,
gibt es nichts, worüber meditiert werden könnte*

Meditation

Meditation ist keine geistige oder körperliche Tätigkeit. Im Bereiche objektiven Wissens läßt sich nicht sagen, was Meditation ist. Sie ist nichts Wahrnehmbares. Sie gehört nicht ins Feld der Existenz, der Energie und der Bewegung, sie ist Nicht-Zustand jenseits aller Zustände. Meditation ist die Quelle von Bewegung und Bewegungslosigkeit. Damit ist klar, daß sie keine Funktion ist, nichts, was Sie *tun* können.

In Meditation zu sein bringt eine neue Lebensart mit sich – ein Leben von Augenblick zu Augenblick, das nicht in Abteilungen aufgeteilt werden kann: Zeit für Geschäfte, Zeit zum Essen, Zeit zum Meditieren, und so weiter. Sie können nicht in Meditation eingehen und wieder herauskommen – sie ist Träger aller Tätigkeit. In der Vielfalt des Alltagslebens bleibt der Hintergrund immer derselbe, und alle Tätigkeiten sind spontane Kundgebungen dieses Hintergrundes.

In der Meditation ist das Leben spontan. Das Leben fließt dahin ohne Bezugnahme auf ein Kontrollzentrum, ein Ego. Die Selbstvorstellung versucht, sich in Situationen zu behaupten. Sie sucht in Wiederholungen und erworbenen Verhaltensmustern Sicherheit. Sie versucht, alles Neue und Unbekannte zu Bekanntem zu machen. Solange Individualität in diesem kontrollierenden Sinn aktiv ist, können wir unmöglich zum spontanen Erleben finden, dem Nicht-Zustand, dem alle Zustände entspringen. Meditation ist Hintergrund allen Tuns, jeder Aktivität. Sie wird oft als ein Aufgeben jeglicher Tätigkeit betrachtet. Den Geist zum Stillstand zu bringen ist aber nicht Meditation. Derartiges Aufgeben ist immer noch eine Tätigkeit. Meditation ist die Stille hinter Tätigkeit und sogenannter Nicht-Tätigkeit.

Meditation ist allumfassend: Sie birgt alle ihre Kundgebungen in sich selbst.

Sie sagen, wir seien Meditation und der Wille zum Meditieren entferne uns von ihr. Wie kann ich über das Tun hinausgelangen, da Meditation ja etwas ist, das ich nicht tun kann?
Gewahren Sie nur einfach, daß Sie fast immer im Tun sind, daß Sie kontrollieren, produzieren, beurteilen, deuten. Nehmen Sie auch Notiz davon, daß ein Vermeidenwollen von etwas ebenfalls eine Tätigkeit ist und zu dem, was Sie vermeiden wollen, gehört. Durch Bemühung kann sich keine Umwandlung einstellen. Meditation bedeutet nicht Ruhe des Geistes. Sie können durch Disziplin Ihr Denken anhalten, ein solcher Geist ist aber nicht frei. Sobald Sie dies wirklich einsehen, überschreiten Sie diesen Prozeß.

Viele Überlieferungen befürworten ein systematisches Praktizieren der Meditation. Liegt darin irgendein Wert?
Meditation findet nicht zwischen 7 und 8 Uhr morgens

und 5 und 6 Uhr abends statt. Um etwas Praktisches wie eine Sprache oder das Spielen eines Musikinstrumentes zu erlernen, müssen Sie üben. Sie können jedoch nicht einüben, was Sie *sind*. Man übt auf ein Ergebnis in Raum und Zeit hin, unsere wesentliche Natur ist aber ohne Ursache und nicht-zeitlich. Sobald Sie absichtlich meditieren, findet eine subtile Energieprojektion statt, und Sie identifizieren sich mit dieser Projektion.

Wenn Sie empfänglich für den Ruf der Stille werden, mögen Sie zur Erforschung dieser Einladung aufgefordert werden. Dieses Erforschen ist eine Art Labor. Sie können sich hinsetzen und das Kommen und Gehen der Wahrnehmungen beobachten. Dabei bleiben Sie dieser Wahrnehmungen gewahr, folgen ihnen jedoch nicht. Einem Gedanken nachzugehen bedeutet, ihn aufrechtzuerhalten. Wenn Sie gegenwärtig bleiben, ohne zum Komplizen zu werden, versiegt Ihre Unruhe aus Mangel an Nahrung. In Abwesenheit von Unruhe werden Sie von der Resonanz der Stille ergriffen.

Es ist, als seien Sie allein in der Wüste. Anfänglich lauschen Sie der Abwesenheit von Lauten und nennen es Stille. Plötzlich mögen Sie dann von der Gegenwärtigkeit der Stille ergriffen werden, so daß Sie mit dem Lauschen selbst eins sind. Diese Verlagerung der Perspektive ist Ihnen Beweis aus erster Hand für das, was Sie bisher als Möglichkeit aus zweiter Hand akzeptiert haben: daß es keinen Meditierenden gibt, daß die Vorstellung eines Meditierenden, der meditiert, nur ein Geistesprodukt, ein Gespinst des Gedächtnisses ist. Diese Entdeckung ist der Punkt, an welchem der Intellekt zum Stillstand kommt, und Sie werden von der

Stille ergriffen, die die Leinwand für die gesamte Palette der Wahrnehmung ist. An diesem Punkt werden Sie kein Bedürfnis mehr empfinden, in Ihrem Labor zu experimentieren. Die Stille integriert sich mehr und mehr ins Alltagsleben.

Besteht dann im Alltagsleben noch Anlaß dazu, sich zum Meditieren hinzusetzen?
Unser natürlicher Zustand ist Ruhe, Sie kennen sich selbst aber nur in der Tätigkeit, welche den stillen Hintergrund überdeckt. Nehmen Sie von Ihrem Verlangen nach Meditation Notiz. Verhindern Sie es nicht, ergreifen Sie nicht die Flucht vor ihm, weichen Sie ihm nicht aus, kontrollieren Sie es nicht! Betrachten Sie es, wie Sie die Wellen des Ozeans betrachten. Aber geben Sie acht: Sie können sich einbilden, die Wellen zu betrachten, während Ihr Schauen noch bloße Idee ist. Im totalen Schauen existiert keine psychologische Einmischung, weder in Form von Ausdeutung, Emotionalität noch als Distanzierung. Es ist kein Nach-innen-Wenden der Sinne. Solange Sie Ohren, Augen und eine Nase haben, sind auch die Sinne da. Wenn Ihr Ziel das Freiwerden von den Sinnen, von der Unruhe ist, sind Sie noch dabei, ein «Außen», etwas «Anderes» zu projizieren. Das verstärkt die Subjekt-Objekt-Beziehung.

Wenn Sie wachsam sind, werden Sie sehen, daß im Alltag immer wieder flüchtige Momente der Stille auftreten. Wenn Sie diese Stille nicht übergehen und sich von ihr ergreifen lassen, wird sie Sie vermehrt suchen, und das Verlangen, diese Stille wissentlich, also dauerhaft, zu *sein*, wird sich spontan ergeben. So zieht die Meditation Sie an sich. Sie erkennen, daß die Natur des

Geistes Bewegung ist, auch wenn er gelegentlich ruhig ist, und daß wahre Stille die Quelle der Handlung wie der Nicht-Handlung ist.

Ich bin im Leben so beschäftigt, daß ich mir nicht einmal dieser besagten ruhigen Momente bewußt werde. Wie kann ich da jemals so weit kommen, mich von ihnen erfassen zu lassen?
Zuerst einmal ist es wichtig, daß Sie die Möglichkeiten akzeptieren, daß Ihr wahres Wesen Stille ist. Dadurch werden Sie für eine neue Perspektive offen sein.

Beobachten Sie, daß da nach der Erfüllung eines Verlangens ein flüchtiger, wunschloser Augenblick ohne Gedanken ist. Dieser wunschlose Augenblick ist von gleicher Natur wie die Stille, die Sie ständig sind. Es ist ein kleines Fenster, durch welches, wenn Sie hinschauen, Licht in Ihr verdunkeltes Zimmer flutet. Dieselbe Stille erscheint im Intervall zwischen zwei Gedanken oder wenn eine Handlung vollendet ist und es nicht sogleich erneut etwas zu tun gibt. Diese Stille ist Erfüllung.

Im Alltagsleben gibt es Augenblicke, wo der Denkprozeß ganz natürlich zum Stillstand kommt. Dies bedeutet aber nicht Abwesenheit der Leistungsfähigkeit. Sie empfinden Fülle, weil der Wille nicht daran beteiligt war. Achten Sie darauf, wie kurz vor dem Einschlafen der Körper das Körpersein aufgibt. Er ist wie die untergehende Sonne. Sie betrachten die Sonne und empfinden sich selber als Betrachter. Wenn Sie solcherart beobachten, wie sich Ihr Körper in der Ganzheit auflöst, können Sie sich manchmal dabei noch als wach empfinden. Morgens, wenn der Körper aufwacht, ist er wie die aufgehende Sonne. Lassen Sie ihn langsam erwachen. Dann können Sie feststellen, daß Sie bereits wach sind, bevor der Körper wieder erscheint. Dieses mit dem Körper-Geist nicht verbundene Gewahrsein ist dasselbe wie jenes, das zwischen zwei Gedanken und Wünschen besteht.

Wenn ich den Einladungen der Stille folge und still sitze, schlafe ich ein. Was kann ich dagegen tun?
Sehen Sie zuallererst, daß Sie im Alltagsleben schlafen, daß Ihr Schauen nur Gedächtnis ist, daß Sie nicht wahrhaft suchen, wahrhaft forschen. Gegenstände, welche durch das Gedächtnis hindurch gesehen werden, werden langweilig, weil das Gedächtnis das bereits Bekannte ist. Nehmen Sie davon Notiz. In Wirklichkeit ist jede Erscheinung neu, aber die Ich-Vorstellung, die in Wiederholungen Sicherheit findet, ist die Ursache dieses Ihr Schauen beherrschenden Vorwegnehmens. Wenn Sie einen Baum wirklich sehen, ist Ihr ganzes Sein daran beteiligt. Sie sehen nicht nur Blätter und Äste; Sie fühlen das Überleben im Baum, seine Dynamik, sein Verlangen nach Licht und vielleicht sein Leiden. Der Baum wird zu einem offenen Geheimnis, das Sie fasziniert. Wenn Sie nicht in Achtsamkeit wach sind, schlafen Sie mit Ihrer Projektion.

Gibt es im Labor der Meditation eine gute Haltung, um einen ruhigen Geist zu erlangen?
Seien Sie klar. Eine Haltung kann zum Stillsein weder beitragen noch es verhindern; weil Körper und Geist jedoch eins sind, führt ein entspannter Körper zu einem ruhigen Geist. Jede bequeme Haltung ist die richtige Haltung.

Wie ist es mit Techniken, welche Meditationsobjekte verwenden?
Ziel aller Techniken ist ein ruhiger Geist. Tatsächlich wird der Geist aber nur stumpf, wenn man ihn auf ein Objekt fixiert. Er verliert seine natürliche Wachheit und Subtilität. Er ist kein offener Geist mehr. Meditation ist kein «über etwas» meditieren. Sich auf ein Objekt zu konzentrieren hält Sie am Bekannten fest. Meditation gehört zum Nicht-Kennbaren.

Beruhigung des Geistes durch Techniken kann zu einer gewissen Entspannung führen, aber sobald Sie diesen Zustand verlassen, stoßen Sie wieder auf das Problem des Alltagslebens. Die regelmäßige Praxis der Meditation macht Sie mit einem friedvollen Zustand vertraut, so daß Sie sich daran auch im Alltag erinnern. Scheinbar leben Sie mit weniger Unruhe, diese Entspannung bleibt jedoch immer noch ein Zustand, dessen Sie gewahr sind. Es ist ein dualistischer Zustand. Obwohl er therapeutischen Wert besitzt, hat er mit unserer wirklichen Stille nichts zu tun. Er gehört noch zu einer Funktion.

Ein ruhiger Geist, ein entspannter Zustand, ist ein Objekt des Gewahrseins, ein Fragment, und ein Fragment kann Sie niemals zur Ganzheit bringen. Es mag Ihnen einen Einblick in die Stille gewähren, wenn Sie solchermaßen vorgehen besteht aber die Gefahr, daß Sie auf die Wahrnehmung fixiert bleiben. Für alle Lehren über den progressiven Weg bleibt der Übergang vom subtilen Zustand tiefer Entspannung zum dauerhaften Nicht-Zustand rätselhaft.

Wenn ich mich ruhig hinsetze, tauchen vielfältige Gedanken und Gefühle auf. Wie habe ich diesen zu begegnen?
Was an die Oberfläche steigt, sind durch Tagträumereien angehäufte Rückstände der Vergangenheit. Bleiben Sie ihrer gewahr, versuchen Sie nicht, sie zu beseitigen. Wenn das Auftauchende mit einem Zentrum verbunden wird, verbindet es sich entweder mit dem bereits Bekannten oder wird ins Unbewußte abgedrängt. Solche Rückstände werden durch Gedankenverbindungen am Leben erhalten.

Alles, was auftaucht, ist Konflikt, welcher aus dem Reflex, sich für ein Fragment, eine getrennte Wesenheit zu halten, geschaffen wurde. Wenn es kein Bezugszentrum mehr gibt, tauchen diese Konflikte wie Blasen aus der Meerestiefe auf, und da sie an der Oberfläche nicht auf Widerstand stoßen, verschwinden sie für immer im leeren Raum Ihres Gegenwärtigseins.

Zur Tilgung kommt es nie durch Analyse. Sie kann nur in Ihrem umfassenden Gewahrsein ohne störende Einmischung des Geistes stattfinden. Umwandlung kann sich nur in der Gegenwärtigkeit vollziehen.

Wer ist es, der meditieren will?
Beim Meditieren geht es einzig darum, den Meditierenden aufzufinden. Je mehr Sie suchen, desto überzeugter werden Sie sein, daß er nicht aufzufinden ist.

Erforschen Sie zuerst Ihr Bedürfnis nach Meditation. Woher kommt dieses Bedürfnis in Wirklichkeit? Aus dem Wunsch nach Erfüllung, nach Ruhe. Also entstammt das Verlangen zu meditieren der Empfindung eines Mangels. Machen Sie diesen Mangel zum Objekt Ihres Forschens. Was ist er? Ein Mangel an Ganzheit.

Sie halten sich selbst für einen Meditierenden, für eine Wesenheit in Raum und Zeit, und versuchen, diese Isolierung durch Meditation zu überwinden. Der Meditierende kann aber nur über das meditieren, was er bereits kennt, und er selbst gehört zum Bekannten. Es ist ein Teufelskreis.

Im Grunde sind Sie nichts, aber Sie sind dessen nicht gewahr und projizieren Energie auf der Suche nach dem, was Sie sind. Diese zentrifugale Bewegung entfernt Sie nur noch weiter von Ihrem Heimatboden.

Wenn Sie durch die Selbsterforschung herausfinden, daß der Meditierende nicht existiert, wird alle Tätigkeit uninteressant, und ein Zustand des Nicht-Erreichenwollens, der Offenheit gegenüber dem Unkennbaren stellt sich ein. Es kommt zu einem Stillstand der Dynamik des Produzierens, und alle Energie, welche bisher in das Erreichenwollen projiziert und dabei zerstreut wurde, wird freigesetzt und kehrt zu ihrer natürlichen Freiheit ohne Verfestigungen oder Begrenzungen zurück. Dann finden Sie sich in einem Zustand, in welchem alle bekannten Bezugspunkte verschwunden sind.

Ich habe das Bedürfnis empfunden, in der Stille Zuflucht zu suchen. Woher kommt dieses Bedürfnis?
Aus der Stille selbst. Dringen Sie tief in das Bedürfnis nach Stillsein ein und nicht in die geistige Einmischung des «wie», «wo» und «wann». Wenn Sie die Stille bis an ihre Quelle verfolgen, können Sie in einem Augenblick von ihr ergriffen werden.

Ich spüre ein Verlangen, mich für längere Zeit in die Stille zurückzuziehen, da Schweigen mir hilft, die Unruhe des Geistes klarer zu sehen.
Stille bedeutet, vom Produzieren befreit zu sein. Was besagt das Bedürfnis, einige Monate lang nicht zu sprechen? Schweigen bringt Sie dem Verständnis der Natur des Geistes und der ganzen Existenz nicht näher. Sich des Sprechen zu enthalten ist nicht die Stille, denn das Denken geht in gewohnt unruhiger Weise weiter. In Indien üben sich viele Menschen in Schweigen, die Maschine funktioniert aber weiter. Wir können nur in Worten denken. Denken ist ein subtiles Aussprechen, in welchem der Laut empfunden, aber nicht artikuliert wird, folglich hat Nicht-Sprechen überhaupt keinen Sinn. Sprechen ist wunderschön. Unser Körper ist aus Worten aufgebaut. Jeder Teil, alle Materie hat ihren eigenen Ton, ihre eigene Schwingung.

Ein Brahmacharya erreicht die wahre Stille nicht im willentlichen Aufgeben der natürlichen Körperfunktionen, sondern indem er von jeder mechanischen Handlung Notiz nimmt, damit keine Energie vergeudet wird. Wenn Sie mit dem Lauschen, mit dem Beobachten vertraut werden, beginnen Sie, Ihre Sinne und Ihre Denkfähigkeit als Instrument anzusehen. Wesentlich dabei ist, daß Sie begreifen, wie Sie funktionieren. Es ist gewalttätig, Stimme oder Gedanken willentlich anzuhalten. Mit echter Stille hat das absolut nichts zu tun.

Wie kann ich meine Gedanken zur Ruhe bringen?
Nicht durch ein Erzwingen der Stille. Sehen Sie bloß, daß Sie ihnen durch den mechanischen Reflex der «Ich-Vorstellung» Nahrung geben. Sie leben hauptsächlich

in Gedankenverbindungen und Ausdeutungen. Wenn Sie dies klar einsehen, geben Sie die Mittäterschaft auf, und der Energieverbrauch nimmt ab. Das Denken wird weniger konkret, und was bleibt, empfinden Sie als eine subtile Energie, eine Art Impuls. Die darin enthaltene Energie hat keinen Antrieb mehr, das Gehirn zu berühren, um das Symbol – das Wort – zu finden. Sogar dieser Impuls wird mit der Zeit in Ihrer Beobachtung abnehmen. Dann wird es zu einer plötzlichen Verschiebung der Betonung vom Schauen als Wahrnehmung zum Schauen als Sein kommen. Das Beobachtete, verfestigte Energie, löst sich im Beobachten, in Energie ohne Verdichtung auf. Sie haben den Eindruck, das Schauen verliere seine Lokalisierung und breite sich in einem Raum ohne Zentrum oder Peripherie aus. In dieser Leere, diesem Nicht-Zustand, erscheinen und verschwinden alle Zustände.

Zuerst sollten Sie mit Schauen und Lauschen ohne Interpretation vertraut werden. Halten Sie sich von dem bereits Bekannten fern.

Was bedeutet «Einsgerichtetheit»?
Gewöhnlich versteht man darunter Konzentration – ein Sich-auf-einen-Punkt-Konzentrieren unter Ausschluß aller anderen Punkte. Es geht mit der Suche nach einem Ergebnis einher. Ein ruhiger Geist ist kein Geist ohne Gedanken. Er ist ein Geist ohne Unruhe. Stille ist nirgendwo, und in dieser Nicht-Lokalisierung taucht die Geistesfunktion auf.

Die meiste Zeit über konzentrieren Sie sich. Der Reflex, sich irgendwo finden zu wollen, ist immer gegenwärtig. Beim Konzentrieren behalten Sie etwas von der

Wahrnehmung für sich selbst zurück. In der wirklichen Beobachtung erhebt sich kein inneres Bedürfnis, sich zu lokalisieren. Wenn Sie nichts von der Wahrnehmung zurückhalten, löst sie sich in der Aufmerksamkeit auf.

Lassen Sie sich beim Betreten eines Zimmers von den Objekten betrachten. Gehen Sie nicht mit dem Sehen zu ihnen. So entfaltet sich Ihr Schauen und wird multidimensional. Werden Sie sich bewußt, wie häufig Sie sich konzentrieren, also Schemata des Schauens mitbringen. Ihr Schauen ist nicht frisch, sondern gewohnheitsmäßig. Wenn Ihr Funktionieren nicht konzentriert ist, wird die Energie freigesetzt und entfaltet sich, Sie werden staunen, was sich da zeigen wird.

Sind Versenkung und Meditation dasselbe?
Ein tiefes Forschen führt zur Versenkung, zum Gebet. Wenn man sich der Versenkung hingibt, kann man sich auf das Bewußtsein, auf das Licht, welches alle Phänomene bildet, einstimmen. Dieses Licht ist unser wahres Wesen. Unser Sein strahlt immerzu. Unser wahres Wesen ist Offenheit, Lauschen, Befreiung, Hingabe ohne Machen oder Wollen. Das Gebet oder die Versenkung ist ein von allem Projizieren oder Erwarten freies Willkommenheißen. Sie verlangt oder formuliert nichts. Sie lädt das Objekt dazu ein, sich in Ihnen zu entfalten, und offenbart Ihnen Ihre eigene Offenheit. Leben Sie mit dieser Offenheit, dieser Weite. Stimmen Sie sich darauf ein. Es ist Liebe. Innige Versenkung bringt Sie zur lebendigen Meditation, also sind die beiden letztlich eins.

Woher kommt das Verlangen, wissentlich Stille zu sein?
Die Sehnsucht kommt aus dem Ersehnten. Es ist durch

alle ihre Kundgebungen hindurch von sich selbst angezogene Stille. Es ist sich im Geliebten selbst liebende Liebe. In diesem ursprünglichen Sehnen liegt nichts Persönliches.

Stille ist das Durchgehende in den drei Zuständen: Wachen, Träumen und traumloser Schlaf. Im Tiefschlaf spiegelt sich wahre Ruhe wider. Wenn der Körper morgens aufwacht, sagen wir: «Ich habe gut geschlafen.» Da wir des Körpers nicht gewahr waren, bezieht sich das Gesagte nicht auf den Körper. Es kommt aus der tiefen Ruhe, welche sich in uns eingeprägt hat. Auf diese Weise erweckt der Tiefschlaf die Sehnsucht nach Frieden, nach Meditation in allen unseren Zuständen.

Wie funktioniert man in der Welt, wenn man im besagten Nicht-Zustand lebt?
Meditation, die alle Tätigkeit trägt, wird durch keine Funktion gestört. Funktionen existieren in Zeit und Raum und haben keine Dauer. Sie sind Erfahrung. Meditation ist nicht-zeitlich und durchgehend; sie ist Nicht-Erfahrung. In der Meditation existiert weder ein Bezugszentrum noch Wiederholung. Sie ist eine immerwährende innere Haltung der Stille. Die Handlung lebt in dieser Stille. Die Stille wird durch Handlung oder Nicht-Handlung keineswegs gestört. Sie können durch alle Tätigkeiten des Alltagslebens gehen, ohne daß der Hintergrund der Stille dadurch berührt wird. Der Hintergrund ist von der Tätigkeit oder Nicht-Tätigkeit nicht verschieden, deshalb ist es sinnlos, die eine oder die andere «aufzugeben», um den Hintergrund zu «erreichen». Wenn Sie in Meditation leben, entströmt

alles der angeborenen Intelligenz des Körpers und des Geistes. Sie werden nicht mehr durch ein konditioniertes Zentrum angetrieben. Sie sind frei, wirklich schöpferisch zu sein. In der lebendigen Meditation erhellt das stille Licht schöpferischer Intelligenz alles Funktionieren und gibt ihm seine wahre Bedeutung.

Wo kein Lehrer ist, da ist Lehre;
wo kein Schüler ist, da ist Erkennen.

Der Lehrer und die Lehre

Damit wir unser Potential verwirklichen können, scheinen Lernen und Verstehen notwendig zu sein?
Wir müssen zwischen einem Lernen, welches ein Ansammeln von Kenntnissen ist, und dem Erkennen oder Wissen als unmittelbare Einsicht in unser wahres Wesen unterscheiden. Aneignen von Fakten ist erforderlich, wenn wir einen Beruf, ein Instrument, eine Sprache und so weiter erlernen wollen. Was wir im Grunde sind, läßt sich nicht erwerben. Wir können es nur wiedererkennen. Dieses Wiedererkennen ist ein augenblickliches Ereignis.

Wie kann ich zu diesem Wiedererkennen gelangen?
Im täglichen Leben existieren Lichtblicke Ihres ursprünglichen, wissenden Zustandes. Dies sind flüchtige Momente, wo Sie sich außerhalb der Dynamik des Werdens in der Stille befinden. Gewöhnlich übersehen Sie diese Momente, weil Sie dazu neigen, sich nur in bezug auf Situationen, Geschehnisse und Objekte zu kennen. Wenn Sie dieser Momente der Stille gewahr werden, werden Sie sich einer neuen Dimension in Ihrem

Leben bewußt, einer Dimension, welche sich auf kein Ereignis, auf keinen Gedanken bezieht. Wenn Sie erst einmal für diese Dimension offen sind, wird sie sich viel öfter zeigen, als Sie bisher bemerkt hatten.

Schließlich werden Sie feststellen, daß das, was momentan aufzutauchen schien, durchgehender Hintergrund jeder Handlung, jedes Gedankens und Gefühls ist. Es umfaßt alles, was Sie denken und tun, wie ein alldurchdringendes Echo. Dieses Echo lädt Sie zur Suche nach der Quelle des Echos ein, bereitet Sie darauf vor, einem Führer für die Reise zu begegnen.

Suchen nicht die meisten Menschen einen Lehrer, lange bevor ein Vorgeschmack der Selbständigkeit sie dazu bringt?
In diesem Falle bringt sie Neugier, Hörensagen oder die Mode dazu, nach einem Lehrer auszuschauen. Oder sie suchen psychologische Hilfe. Sie sind für den Lehrer erst reif, wenn Sie mit dem Vorgeschmack leben. Diese Vorahnung Ihres wahren Wesens ist der innere Guru.

Brauchen wir einen äußeren Guru, einen spirituellen Lehrer, wenn wir doch einen inneren Guru haben?
Theoretisch nein, praktisch ja, außer in wirklich außergewöhnlichen Fällen. Wenn wir uns dem Vorgefühl total hingeben, kommen wir logischerweise automatisch zu dem Vorgefühlten. Unsere Verhaltensschemata drängen uns aber zum Nehmen, nicht zum Loslassen. Die Bindung an unsere Selbstvorstellung verhindert die Hingabe an unsere Totalität. Das tiefe Verlangen, dauerhaft das Vorgefühlte zu sein, bereitet uns auf den äußeren Guru vor.

Wie sucht man nach einem Guru?
Sie können keinen Lehrer suchen, denn Sie wissen nicht, worauf Sie zu achten haben. Sie können sich einen Führer weder vorstellen noch ihn verstehen. Sie können nur zweitrangige Funktionen suchen, Namen, äußere Erscheinung, magische Kräfte, Macht, Persönlichkeit und so fort. Folglich können Sie nicht nach einem Lehrer Ausschau halten. Alles, was zu tun ist, ist Offensein, damit er Sie finden kann.

Wie können wir zwischen falschen und echten Propheten unterscheiden?
Wenn Sie dem Höchsten gegenüber offen und frei vom Suchen nach einem physischen Lehrer sind, bleiben Sie außerhalb vom psychologischen Feld und dessen Projektionen und Übertragungen. Ein Lehrer, der sich selbst für einen Lehrer hält, braucht jene, die sich selbst für Schüler halten. In Indien und heute auch im Westen wird viel Handel mit Gurus und Jüngern getrieben. Wenn Sie dem Guru begegnet sind, wissen Sie es, da er nicht außerhalb Ihrer selbst ist und Sie durch ihn immer unabhängiger werden. Wenn Sie Ihre eigene Autonomie nicht tief empfinden, sind Sie sicherlich durch Projektionen und Reaktionen gebunden.

Können Sie mehr darüber sagen, wie wir vom Guru gefunden werden?
Sie werden von einem inneren Drang getrieben, der direkt aus dem Unbekannten aufsteigt. Fragen erheben sich: «Was ist das Leben?» «Wie befreit man sich von Furcht?» und so fort. Sie beginnen nach Antwort zu suchen, und zu einem bestimmten Zeitpunkt realisieren

Sie, daß der Guru objektiv nicht erkennbar ist. In diesem Augenblick erhalten die Fragen ein Eigenleben: Die Antwort wird nicht mehr außen gesucht. Den Guru finden bedeutet, Ihr scheinbares «Ich» in Ihrem höchsten Sein zu verlieren.

Der sogenannte äußere Guru hilft Ihnen durch seine pädagogischen Maßnahmen und seine Gegenwärtigkeit, sich selbst zu verlieren. Indem Sie sich selbst finden, werden Sie mit ihm oder ihr und allen Lebewesen eins. Der äußere Guru repräsentiert symbolisch Ihr wahres Sein. Wenn Ihnen das Glück beschieden ist zu hören, daß Sie Bewußtsein, der Nicht-Zustand sind, und daß es nichts gibt, was zu erreichen oder aufzugeben wäre, dürfen Sie dies nicht vergegenständlichen, keine Haltung daraus machen. Es sollte Ihnen so natürlich sein wie das Wissen, ein Mann oder eine Frau zu sein. Der äußere Guru ist nur ein Zeichen, halten Sie ihn also nicht für etwas anderes. Wer würde sich schon an einen Wegweiser fesseln!

Viele Menschen kommen zu einem Lehrer, weil sie Schutz, Autorität, einen Vater, eine Mutter, einen Geliebten, einen Arzt oder einen Therapeuten suchen. Erforschen Sie den Beweggrund Ihres Kommens tief. Sie werden feststellen, daß Sie wegen eines Mangels kommen. Sie müssen sich diesem Mangel direkt stellen und sich nicht in Projektionen flüchten. Ein klarer Geist ist auch ein friedvoller Geist, und wenn der Lehrer Ihnen nicht schnell zu intellektueller Klarheit und größerer Autonomie verhilft, sollten Sie wieder gehen. Bleiben Sie nicht zweitrangiger Faktoren wegen bei einem Lehrer.

Paradoxerweise scheint der Guru auf dem direkten Weg, eine wichtige Rolle zu spielen?
Der Guru ist nur ein Katalysator für das Erwachen in einer neuen Dimension. Durch die Transparenz seiner Gegenwärtigkeit erinnert er Sie daran, daß das Objekt nicht betont werden soll. Er leistet der Vergegenständlichung seiner Gegenwärtigkeit nie Vorschub. Eine gefühlsmäßige Übertragung mag vorkommen, weil sie aber keinen Halt in ihm finden kann, löst sie sich wieder auf. Tatsächlich ist der direkte Weg von Anfang an autonom. Alle in verschiedenen Praktiken investierte Energie löst sich in der Offenheit auf. Während auf dem Weg der progressiven Annäherung das «Ich» auf subtile Weise durch Erfahrungen unterhalten wird, wird auf dem direkten Weg kein Wert auf Erfahrungen gelegt.

Der wahre Guru ist niemand anderes als Sie selbst. Er sucht Sie immerfort, wartet auf Ihr Willkommenheißen. Der sogenannte «äußere Guru» ist nur eine Durchgangsphase, die Sie sehen läßt, daß jede Projektion Illusion ist. So bringt der äußere Guru Klärung, die aus Erfahrung kommt. Wenn der äußere Guru nicht vollständig transparent ist, frei von einem Ego und auch der Vorstellung, ein Guru zu sein, finden Übertragungen in ihm Halt, und Sie werden von ihm abhängig sein. Wenn Sie nicht zunehmende Autonomie empfinden, können Sie sicher sein, daß Sie Ihrem Guru noch nicht begegnet sind.

Was ist ein Lehrer?
Wenn Sie fest in der Wahrheit gegründet sind, können Sie Lehrer sein oder auch nicht. Andere zu führen erfordert eine gewisse pädagogische Fähigkeit, den Geist di-

rekt zu durchschauen, so daß die Antwort den Duft der Stille trägt und die Stille des Fragestellers offenbar macht. Es ist die Fähigkeit, im Schüler zu lesen und instinktiv zu wissen, auf welche Weise die Lehre vorgebracht werden soll. Es gibt keine festgesetzte Lehre und keinen festgesetzten Schüler. Tatsächlich gibt es keinen Lehrer, denn der Lehrer ist identisch mit dem, was gelehrt wird. Er ist wissentlich in seiner Lehre gegründet, und in seinem tiefsten Sein weiß er, daß es nichts zu lehren gibt.

Wer in seinem wahren Sein lebt, hält sich selbst für nichts. Er bringt den Schüler dazu zu begreifen, daß es nichts zu lehren gibt. Dies schafft eine neue Perspektive: Es gibt weder Schüler noch Lehrer.

Der Schüler hält sich für eine unwissende Person, die etwas erwerben will. Wenn er dem Nichts des Lehrers und der Lehre begegnet, bringt ihn das dazu, von seinem Wunsch abzulassen, erleuchtet, spirituell, religiös und so fort zu sein. Er wird zu sich selbst zurückgebracht.

Verhalten Sie sich, als ob Sie überhaupt keine Belehrung nötig hätten, als wären Sie frei, in Sicherheit und zufrieden. Sobald Sie glauben, es lasse sich etwas erreichen, leben Sie im Mangel. Einzig die Annäherungsweise läßt sich lernen.

Bezeichnen Sie den Lehrer nur der Sprache wegen als «er»?
Ja, absolut! Die Sprache ist oft ein Problem, denn sie kommt vor allem aus dem unterscheidenden Geist. Der Guru ist unpersönlich, Bewußtsein, weder weiblich noch männlich. Daher kann er sich als das eine, als das andere oder als irgend etwas kundtun.

Sie sagen, es gäbe nichts zu erlangen oder zu tun, um uns selbst zu erkennen. Das ist klar. Erfordert aber nicht die Entdeckung dessen, was wir nicht sind, eine gewisse Achtsamkeit, welche man Bemühung nennen könnte? Gewisse Traditionen sagen, wir seien wie Harfen, die gestimmt werden müßten, bevor man darauf spielt.
Die Selbsterforschung bringt Ihnen einen richtig ausgerichteten Geist. Die dafür benötigte Energie kommt aus der richtigen Orientierung selbst. Forschen heißt Ihr Instrument stimmen. Dazu ist kein Bemühen erforderlich.

Welcher Natur ist die Beziehung, wenn es weder Schüler noch Lehrer gibt?
Alles Werden ist eine Illusion. Sich für «etwas» zu halten ist eine Beschränkung; das Etwas ist ein Fragment. Alle aus einem Fragment herrührenden Gedanken und Handlungen sind ebenfalls bruchstückhaft. Wer in der Ganzheit lebt, kann sich nicht für ein Fragment, für einen Lehrer, halten. Er ist fest in der Nicht-Zweiheit gegründet, sieht nur Nicht-Dualität. Dem sogenannten Schüler bietet er keinen Anlaß, sich für etwas zu halten. Ohne die Begrenzungen der Persönlichkeit findet eine Begegnung auf gemeinsamem Grund statt. In dieser Begegnung weiß der eine ganz genau, wo er ist, der andere weiß es noch nicht. Das ist ein magischer und zeitloser Augenblick, und es kann geschehen, daß ein Funke der brennenden Kerze die andere entfacht. Wahrheit läßt sich nicht erlernen, Sie müssen von ihr ereilt werden.

Der Lehrer und die Lehre

Wie geht diese Licht-Übermittlung vor sich?
Die Flamme ist potentiell da. Wenn Ihr Geliebter lächelt, findet außerhalb der physischen Geste eine Übertragung von Liebe statt. In der Einheit der Liebe lächeln Sie dann in unwillkürlicher Nachahmung.

Ist sich der Schüler der Übermittlung immer bewußt?
Der sogenannte Schüler ist sich der Momente der Fülle mit seinem sogenannten Lehrer, der Momente der Leerheit von jeglicher Persönlichkeit – einer leeren Offenheit – bewußt. Dann ist er zum Aufnehmen bereit. Die Gegenwart des Lehrers ist an sich Übermittlung. Es besteht keine Absicht zum Übermitteln. Es mag Zeiten geben, wo der Schüler freier ist als gewöhnlich von allem, was er nicht ist. Der Lehrer kann diese Gelegenheit ergreifen.

Wie wirkt sich die Übermittlung auf den Schüler aus?
Die Übermittlung ist zeitlos, sie kann jedoch zu irgendeinem Zeitpunkt stattfinden. Die Worte des Gurus sind von Gegenwärtigkeit gesättigt. Wenn die Worte gehört werden, ohne im Gehirn durch Gedächtnis oder Ausdeutungen fixiert zu werden, bleibt ihr Duft. Dieser Duft erhält das Wort lebendig und macht zugleich seine Gegenständlichkeit zunichte. Die Gegenwärtigkeit des Wortes besteht wie ein Widerhall Ihrer eigenen unbekannten Gegenwärtigkeit fort.

Die Wahrheit wird *vor* dem verbalen Inhalt übermittelt. Die Erwartung einer Antwort auf intellektueller Ebene verhindert, daß die Antwort sich in Ihnen formt. Sie können eigentlich nur von einer Antwort sprechen, wenn Sie diese in Ihnen selbst empfinden.

Authentische Antworten kommen aus erster Hand. Wenn der in die Enge getriebene Geist zu einem aufrichtigen «Ich weiß nicht» kommt, zeigt sich die lebendige Antwort.

Wie kann ich um meine noch unbewußte Gegenwärtigkeit wissen?
Der Duft der Gegenwärtigkeit erhält die Worte des Guru am Leben, solange diese lebendig bleiben müssen. Das kann die Zeit eines Augenblickes oder auch mehrere Jahre bedeuten. Das Wort als Echo, als Objekt-Symbol, besteht nur fort, um seine Quelle, das Bewußtsein, die Gegenwärtigkeit, welche wir mit allen Dingen teilen, zu offenbaren. Im Augenblick der totalen Offenbarung lösen sich die konkreten Worte in ihrem Ursprung auf: in der Stille.

Geht die Auflösung der Worte allmählich vor sich?
Wir wollen uns über eines im klaren sein: Das ist kein gradueller Prozeß. Die Gegenwärtigkeit entwickelt sich nicht. Die Auflösung der Worte ist zeitgebunden, die Gegenwärtigkeit ist aber nur von diesen Formulierungen überdeckt. Wenn die Worte keinen Halt mehr finden können, erscheint die Gegenwärtigkeit augenblicklich, so wie die Sonne über den Wolken immer scheint.

Gewöhnlich ist die Konditionierung sehr stark. Die Tendenz, alles im Käfig des Geistes zu behalten, verhindert das Eindringen der Worte des Guru. Das Loslassen kann viele Jahre beanspruchen. In den Worten des Guru liegt aber eine immense Macht. Wie der Text sagt: «Meditiert über sie.»

Was bedeutet «über die Worte des Guru meditieren» genau?
Leben Sie mit ihnen. Die Worte beinhalten die Quelle. Ihre Macht kann aber nur wirksam werden, wenn sie nicht durch Analyse, Ausdeutung oder mechanische Wiederholung überdeckt werden. Es bringt überhaupt nichts, an seine Worte zu denken. Sie können sie nur in sich lebendig werden lassen. Die Worte bringen ihr eigenes Verstehen mit sich. Lassen Sie sie in sich wirken. Es kann zu einer spontanen Umsetzung auf verschiedenen Ebenen kommen. Nur durch diese spontane Umsetzung in allen Lebensbereichen kann sich das Wort von sich selbst befreien, und dann erwachen Sie plötzlich in Ihrer Herrlichkeit.

Können wir nur durch Worte und deren Auflösung zur Essenz des Seins gelangen?
Es kann Zeiten geben, wo die Bereitschaft des Schülers so offen und vom Geist frei ist, daß die bloße Gegenwärtigkeit des Guru die Gegenwärtigkeit des Schülers hervorruft. Wir nennen das schweigende Übermittlung.

Sie sagen, es gäbe kein Lehren, und sprechen trotzdem von den «Worten des Guru»?
Sprache und Wörter sind Werkzeuge, welche ein intellektuelles Verstehen ermöglichen sollen. Das intellektuelle Verstehen und das Loslassen des Ansammelns von Kenntnissen, des Strebens und Werdens müssen Hand in Hand gehen. Alle Formulierungen dienen allein dazu, den Intellekt zur Einsicht in seine Begrenzungen zu bringen, wo es um das Begreifen von dem geht, was durch Wahrnehmung und Begriff nicht faßbar ist.

Natürlich kommen verschiedene Menschen aus verschiedenen Ländern und Gesellschaftsschichten, und der Lehrer begegnet jeder Person ihrem psychosomatischen Grund entsprechend. Man kann nur lehren, was lehrbar ist – nur den Weg. Die Wahrheit und das Licht sind nicht lehrbar. So wie der Wind falschen Denkens die Sonne mit Wolken verhängt, so kann auch nur der Wind richtigen Denkens die Sonne enthüllen. Wahrheit und Licht sind unsere ewige Natur. Deshalb gibt es letztlich keine schlechten Schüler, nur schlechte Lehrer.

Sie sagen oft, wir seien nicht Handelnde, sondern Zeuge der Handlung. Das scheint in Ihrer Unterweisung wesentlich zu sein. Könnten Sie mehr darüber sagen?
Wenn Sie sagen «Ich habe dies getan» oder «Ich bin ärgerlich», haben Sie eine persönliche Beziehung zu der Situation hergestellt. Wenn sich die Situation nicht auf ein Zentrum bezieht, wenn Sie also denken «das ist getan», «da ist Ärger», besteht keine gefühlsmäßige Beziehung. Diese Abwesenheit wird als Raum empfunden, und der Sie umgebende Raum befreit Sie von der Bindung an den Gegenstand. Der Gegenstand erscheint in diesem Raum. Dieses Gefühl von Räumlichkeit, der Zeuge, ist nur eine Krücke, ein pädagogisches Mittel – es ist jedoch sehr wirksam.

Sie können den Zeugen finden, indem Sie jedesmal, wenn Ihnen eine Veränderung auffällt, davon Notiz nehmen, daß diese Feststellung immer in der Gegenwart stattfindet. Den Zeugen kennen heißt, mit dem Beobachter der Veränderung vertraut zu werden. Dieser Beobachter darf aber nicht eine Haltung sein. Sich mit einer Haltung identifizieren bedeutet in eine Sackgasse geraten. Wenn der Zeuge nicht vergegenständlicht wird, löst er sich im Raum, der Sie sind und auf welchen er verweist, auf. Anders gesagt: Solange ein «Ich» da ist, gibt es auch einen Zeugen, wenn kein «Ich» mehr existiert, ist auch kein Zeuge mehr da. Der Zeuge verschwindet mit dem Verschwinden der Person.

Was halten Sie von traditionellen Schulungswegen?
Es gibt viele traditionelle Schulungswege, aber man kann diese nicht systematisch anwenden. Als Lehrer verfügt man über alle diese Formen. Techniken erhalten jedoch die «Ich-Vorstellung» aufrecht. Sie binden Sie an die Subjekt-Objekt-Beziehung. Echte Überlieferung findet statt, wenn der, den Sie als Lehrer bezeichnen, nicht mit Vorstellungen befrachtet ist. Weder Sie noch er leben mit der einschränkenden Vorstellung, daß er ein «Lehrer» ist, der etwas zu lehren hat – mit festgesetzten Schulungs- und Disziplinierungsmethoden. In seiner Offenheit befreit er Sie von Ihren Vorstellungen. Das ist direkte Übertragung; sonst werden Sie von Formen und Disziplin eingenommen, welche nur zur Unbeweglichkeit und zum Zustand der Leere führen.

Haben Sie nicht das Gefühl, daß diese Traditionen das Mittel zur Befreiung von der Tradition in sich tragen?
Wir müssen in unserer Ausdrucksweise sehr klar sein. Wir könnten sagen, die Tradition übermittle das LEBEN, die wesentliche, lebendige Erfahrung des grundlegenden Nicht-Zustandes. Direkte Übermittlung braucht keinen Träger; sie ist nicht ans Gedächtnis, an Zeit und Raum gebunden. Alles, was nicht direkte Übermitt-

lung ist, findet in Zeit und Raum statt und hat mit dem Gedächtnis zu tun. Das nennen wir «traditionell», und Rituale, Doktrinen, Glaubenssätze, Mythen gehören dazu. Diese Ausdrucksweisen und Schulungsweisen wechseln je nach Kultur und Epoche. Solange das Überlieferte direkt in der Tradition verwurzelt ist, ist es Übermittlungsinstrument. Anders ausgedrückt: Der ewige Hintergrund muß in allen seinen Ausdrucksformen gegenwärtig sein. Ist dies der Fall, bleibt das Überlieferte anpassungsfähig, angemessen und aktuell. Wenn jedoch das Anekdotische, das Traditionelle betont wird, verliert es seine Verbindung mit der Quelle der direkten Übermittlung und erstarrt. Es funktioniert nicht mehr richtig, denn es hat seine ursprüngliche Ausrichtung, seine wahre *raison d'être,* seine lebendige Quelle verloren. Es wird zu einer leeren Hülse.

In der Hoffnung, die Wahrheit zu finden, gehen heute offensichtlich viele Menschen von einer zu einer anderen Tradition über.
Einen traditionellen Rahmen gegen einen anderen auszutauschen entspringt einem Mangel an Einsicht. Wenn Sie in die Tiefen Ihrer eigenen religiösen Tradition eindringen, entdecken Sie die transzendente Einheit aller Religionen, die Einheit der Nicht-Erfahrung, das lebendige Begreifen. Da besteht kein Hader über Dogmen, Rituale und mystische Zustände, kein Raum für Vergleiche. Es stimmt, daß viele traditionelle Religionen sich derart mit zweitrangigen Faktoren identifiziert haben, daß sie eher Hindernis als Hilfe für das Verstehen sind. Wenn Sie aber als Christ, Muslim, Buddhist, Jude oder Hindu suchen und Ihr Verständnis tief genug

ist, werden Sie auf die lebendige Wahrheit stoßen. In allen religiösen Traditionen gibt es Weise und Heilige.

Ich habe verschiedene spirituelle Lehrer getroffen und fühlte mich jedesmal nach einiger Zeit unbefriedigt. Nun, wo ich Ihnen zuhöre, sehe ich ein, daß ich einem Lehrer ohne jegliche Erwartung und mit einem leeren Geiste begegnen muß. Ist das richtig?

Aus Ihrer Gewohnheit heraus, Objekte zu sehen, hat Sie die Persönlichkeit des Lehrers oder das Versprechen, etwas erreichen zu können, angezogen. Solche Zustände sind rein körperlich und rufen bestimmte Gefühle und chemische Veränderungen in Ihnen hervor. Diese bestehen für einige Zeit wie ein Echo weiter, ersterben aber schließlich. Wenn Sie auf einer persönlichen Ebene von einem Lehrer, von einer Idee oder von einer Organisation angezogen sind, nährt dies Ihre Gefühlsschemata und bindet Sie in eine Haltung des Nehmens. Der Zeitpunkt wird aber kommen, wo die Situation Sie nicht mehr anregt oder wo es nichts mehr zu nehmen gibt, und Ihr Interesse verblaßt. Das Leben langweilt Sie aufs neue, und Sie suchen rundum nach neuen Situationen, nach neuen Personen, nach neuen Abhängigkeiten, einem «neuen» Abenteuer. Wenn Sie merken, daß es in Ihrer neuesten Eroberung nichts wirklich Neues gibt, daß sie nur eine Wiederholung ist, kommen Sie zu einem Stillstand.

Meine wiederholten Enttäuschungen haben mich zu einem gewissen Skeptizismus, zu einer Mattigkeit geführt, welche mich daran hindern, die Dinge ganz frisch anzuschauen.

Enttäuschung ist eine Reaktion, die in Ihnen stattfindet

und welche Sie einer anderen Reaktion überlagern. Skeptizismus und Mattigkeit sind psychische Zustände, genau wie die Erregung. Sehen Sie diese Dinge einfach als Tatsachen in Ihnen an, ohne sie verändern, etwas wegnehmen oder hinzufügen zu wollen, so wird sich Ihnen eine neue, Ihnen völlig unbekannte Dimension eröffnen. Dann sind Sie an der Schwelle der Selbständigkeit, dessen, was Sie in Wirklichkeit sind, dessen, was mit Situationen oder Gefühlen nichts zu tun hat. Viele Menschen unterhalten dauernd Beziehungen mit anderen Menschen, weil sie die andern benötigen, um sich lebendig zu fühlen. Die wahre Lehre lautet, *erst* selbständig zu werden und *dann* die Schönheit mit andern zu teilen.

Man kann aber nicht immer allein leben. Es gehört zum biologischen Überleben, mit andern zu leben.
Ja. Sie brauchen sich aber nicht mit der Biologie, mit dem Körper, zu identifizieren oder sich an ihn zu binden. Sehen Sie ein, daß das, was Sie in Wahrheit sind, autonom ist, dann wird das Teilen eine ganz andere Bedeutung bekommen.

Zu einem gewissen Zeitpunkt war ich so eifrig bei der spirituellen Suche; nun fühle ich mich eher gleichgültig. Was ist mit mir geschehen?
Ihre Suche war niemals stark genug. Sie haben zuviel Wert auf das Objekt gelegt. Sie haben Zustände gesucht, die Ihnen versagt blieben oder die Sie nun langweilen. Vielleicht haben Sie auch psychologischen Halt bei Ihrem Lehrer gesucht und sind nun über dieses Bedürfnis hinausgewachsen. Die meisten Menschen ver-

bringen ihr ganzes Leben damit, von einer Ersatzbefriedigung zur nächsten zu gehen – sie gieren nach Erfahrungen, einer Geliebten, einem Ehemann, einem Guru, Geld, und so weiter. All das ist im Geist eingeschlossen, und die Person, welche glaubt, diese Dinge zu wollen, ist ebenfalls im Käfig des Mentalen. Sobald Sie sehen, daß das alles nur geistige Vorstellungen sind, entziehen Sie diesen die Nahrung, und der Geist wird durchlässig. Es verlangt eine gewisse Reife, um den Kreislauf von Mangel, Verlangen, Ersatzbefriedigung, Langeweile und so weiter zu durchschauen. Es braucht die Bereitschaft, ihn zu sehen, innezuhalten und sich zu fragen: «Gibt es nicht mehr im Leben?» Ist da nicht etwas, das alle diese Änderungen trägt, all diese Höhen und Tiefen und alles Kommen und Gehen?

Was könnte Anlaß zu diesem Innehalten sein, in dem man sich solche Fragen stellt?
Möglicherweise sind Sie es einfach leid, nach Ersatzbefriedigungen zu suchen. Das bringt Sie dazu, Ihr Leben zu rekapitulieren. Es gibt Zeiten, da findet man sich in einer Sackgasse und alle Energie ist blockiert. Es gibt zwei hauptsächliche Reaktionen auf diese Situationen. Ein heftiger Charakter mag die Blockade so stark empfinden, daß er oder sie auf eine Art handelt, die den Rest seines oder ihres ganzen Lebens beeinflussen kann – blindlings heiraten, das Land verlassen, die Scheidung einreichen, ein Kind bekommen oder ähnliches. Es ist eine Verzweiflungstat, eine Flucht, die eigentlich gar nicht der Natur des Menschen entspricht – eine Art Explosion, die den Käfig sprengen soll. Aber natürlich be-

freit Sie das nicht aus dem Käfig und führt zu einer Kette weiterer Reaktionen.

Eine weniger heftige Persönlichkeit kann so völlig ermatten, daß auch nicht das geringste Verlangen nach Entrinnen oder Kompensierungen besteht. Es bleibt keinerlei Hoffnung auf irgend etwas, und dies führt zu einer Art Loslassen. Dann kann ein schwaches Licht aufleuchten. Das Licht ist in Ihnen. Es erscheint zufällig, wenn Sie Ihre Aufmerksamkeit auf nichts mehr fixieren, nicht einmal mehr auf die Sackgasse. Mit dem Erscheinen des Lichts löst sich die verfestigte Energie. In beiden Fällen ist das Ergebnis dasselbe: Man kommt entweder aus Langeweile oder aus Mattigkeit zu einem Aufgeben, zur Hingabe. Die Abwesenheit jeglicher Hoffnung ist ein Geschenk.

Sie legen offenbar Wert darauf, daß Verständnis und Erfahrung miteinander einhergehen. Was geschieht, wenn das eine sich ohne das andere zeigt?
Das Verstehen zeigt Ihnen, was Sie alles nicht sind, und bringt ein Loslassen mit sich. Wenn der Intellekt zurückgelassen wird, besteht die Gefahr, daß dem Gefühl zuviel Wichtigkeit beigemessen wird. Das Verständnis erinnert Sie daran, daß das, was Sie im Grunde sind, kein Zustand ist, keine Erfahrung, die irgendwann anfängt und wieder aufhört. Der Weise benutzt die Welt, um über sie hinauszugehen. Er kennt die Natur der Funktion genau und handelt auf völlig angemessene Weise in der Welt. Er ist nicht von der Welt, aber er ist in ihr. Die «Mystiker» legen eine größere Betonung auf außerweltliche Erfahrungen als auf das Wissen als Sein und dessen Funktion in der Gesellschaft.

Der Lehrer und die Lehre

Gibt es in Ihrer Lehre einen Platz für Gott?
Was *Sie* Gott nennen, ist eine Vorstellung. Sie können diesem Konzept zahlreiche Eigenschaften beifügen – gut, allmächtig, allwissend und so weiter –, es bleibt dennoch intellektuell und nährt eine Repräsentation und einen Zustand der Emotionalität in Ihnen. Um Gott wirklich zu kennen, müssen Sie sich von der Idee «Gott» befreien. Um Gott zu erfahren, müssen Sie von allen persönlichen Vorstellungen und Projektionen frei sein; es sind falsche Idole, die Sie daran hindern, Gott zu *sein*. Ein Sprichwort sagt: «Triffst du Buddha unterwegs, töte ihn.» Und Meister Eckhart sagte, um Gott zu begegnen, müsse man sich zuerst vom Begriff «Gott» befreien.

Woher kommt das Verlangen, mit Gott vereint zu sein?
Die Vereinigung gehört zum Mystiker und Einheit zum Weisen. Das Wort Vereinigung setzt Teile voraus. Sie halten sich für ein Fragment, eine gesonderte Wesenheit, und sehnen sich danach, zu dem zurückzukehren, was Sie für Ihren Urgrund halten. Sie können sich in Gefühlen verlieren und sich in der Ekstase mit ihnen identifizieren. Aber Gefühle sind noch durch Repräsentationen genährte affektive Zustände. Wenn das Ego von Gefühlen überflutet wird, stirbt es zeitweilig, kehrt aber im Alltag wieder zurück. Sie mögen sich vorübergehend in ekstatische Zustände verlieren; warum aber Zustände suchen, wenn Ihr wahres Wesen kein Zustand ist?

Benötigen wir nicht Symbole, da die Sprache dualistisch, linear und sequentiell ist und daher völlig unbrauchbar, um das Göttliche, die Ganzheit, das Sein auszudrücken?

Symbole sind notwendiger Teil der Kultur. Sie geben der Wirklichkeit tiefer und unmittelbarer Ausdruck als die meisten Wörter. Das Verständnis der Symbole gehört nicht zum alltäglichen Funktionieren des Geistes. Symbole durchdringen den Geist und spiegeln seinen eigenen Boden in der Ganzheit wider. Symbole bringen Sie über die Gegensätzlichkeit hinaus.

Es gibt doch aber ein tiefes, religiöses oder idealistisches Sehnen, das nicht durch Absonderung entsteht?
Natürlich. Letztlich kommt es vom Selbst, Ihrem wahren Wesen. Sehnen braucht aber Information – der Geist muß informiert werden. Wenn Sie akzeptieren, daß Sie das sind, was Sie suchen, projiziert der Geist kein «Außen» mehr. Solange Sie außerhalb Ihrer selbst suchen, unterstellen Sie eine Trennung. Jede Bemühung schafft automatisch eine Absonderung. Forschen Sie gelassen, nicht mit Willen und Kraft. Lassen Sie sich einladen, anziehen. Sie sagen: «Ich suche die Wahrheit.» Es ist jedoch die Wahrheit, die Sie sucht.

Kann Liebe allein, der Bhakti-Weg, uns zur Verwirklichung unseres Seins bringen?
Ja. Der Moment wird aber kommen, wo der Bhakta sieht, daß er ebenso in der Welt wie im Himmel lebt. Dann muß er lernen, das Leben zu verstehen. Oft herrscht Verwirrung auf dem Bhakti-Weg. Man bleibt in der Dualität Liebender – Geliebtes stecken. Der Geist muß zu dem Verständnis gelangen, daß er das Ersehnte nicht «außen» finden kann, sonst ist man wie ein Hund, der vor einem prächtigen Knochen sitzt, den er nie wird fressen können.

Aber kann uns die Hingabe an eine allumfassende Liebe nicht zur Liebe selbst führen?
Da ist immer noch die Repräsentation von jemandem oder von etwas, das bewundert oder geliebt wird.

Der Geist, die Repräsentation löst sich doch in der Liebe auf...
Ja, wenn die Person sich wirklich verzehrt, kann das sein. Auf diesem Weg gibt es jedoch vornehmlich eine Bindung an den Guru, an die Repräsentation, an den Bewunderten oder Geliebten. Manche Menschen empfinden ein Sehnen, wissen aber nicht wonach; so finden sie einen Ersatz, eine Definierung für dieses Unbekannte. Es braucht Reife, um in diesem Sehnen zu leben, ohne es zu vergegenständlichen.

Wollen Sie damit sagen, theoretisch sei dieser Weg gangbar, praktisch sei es aber ein schwieriger Weg?
Ja. Der wirkliche Bhakti-Weg bedeutet vollkommene Hingabe – Hingabe an die eigene Stille. Die Betonung wird nicht aufs Objekt, sondern auf die Hingabe gelegt. Ein Vorgefühl kann aufkommen, ein Zustand der Bewunderung. Der Bewundernde weiß nicht, woher es kommt. Wenn er sich völlig diesem Zustand der Bewunderung hingibt, findet eine Verschmelzung zwischen Bewunderer und Bewundertem statt, und was bleibt, ist Fülle.

Was ist Erleuchtung?
Eine augenblickliche Einsicht, die Sie davon überzeugt, daß es nichts und niemanden gibt, das oder der zu erleuchten wäre.

Wie kann ich mich ihr nähern?
Jeder Schritt, den Sie tun, um sich ihr zu nähern, entfernt Sie von ihr. «Es ist näher als das Pflücken einer Blume.» Seien Sie nur gewahr, wie wenig Sie willens sind, den Wunsch nach dem Machen aufzugeben. Diese Einmischung entfremdet uns dem natürlichen Fluß des Lebens. Spüren Sie sich in diesem Gewahrsein. Verweilen Sie hier, und Sie werden von ihm aufgesogen werden. Sie werden sich in einer neuen Dimension finden, in einer gegenstandslosen Weite ohne Bezugspunkte. Es ist ein Augenblick gänzlich ursachelosen Staunens.

Mir scheint, als könnten wir nur indirekt erfahren, was jenseits des Körpers, der Sinne und des Geistes ist. Wie können wir ihm direkt begegnen?
Was ist und wo befindet sich die allen unseren Wahrnehmungen zugrundeliegende Quelle? Sie zu entdecken kann man die Erfahrung der Erleuchtung nennen, obwohl das Licht der Wahrnehmung sich nicht im Film der Erfahrung befindet. Alle möglichen religiösen, künstlerischen, sozialen oder wissenschaftlichen Visionen beruhen auf dem Bekannten, auf der Speicherung, dem Gedächtnis und sind nur Sproß unseres wahren Wesens, das zeitloses Gewahrsein ist. Unsere eigentliche Natur ist Meditation, ohne Anfang und ohne Ende. Sie ist Nicht-Zustand, Nicht-Erfahrung, ist selbstgenügsam, frei von dem Bedürfnis nach Anregung und dem Antrieb, Vorstellungen und Strukturen aufzubauen.

Was geht in Ihnen vor, wenn Sie eine Frage hören und Antwort geben?
Die Frage wird in der Stille gehört, und die Antwort

kommt aus der Stille. Sie durchqueren weder den Geist noch das Gedächtnis oder einen Bezugspunkt. Wir verwenden Worte als auf das Begreifen hinweisende Symbole. Als Symbole haben Sie nur im jeweiligen Moment Bedeutung. Die Antwort kommt aus der Stille – empfangen Sie sie in der Stille. Wenn Sie sie einordnen, geht der Geschmack der Quelle dabei verloren. Genießen Sie diesen Geschmack, früher oder später wird er Sie dahin ziehen, wo er herkommt: zu der lebendigen Stille.

Würden Sie bitte über Ihre Erfahrung der Erleuchtung sprechen?
Was könnten Sie mit der Antwort anfangen, wenn ich jetzt davon spräche? Wenn diese Frage auftaucht, müssen Sie augenblicklich den Zustand betrachten, aus welchem sie sich erhebt. Diese Frage ist eine Flucht vor der Konfrontation mit dem Ursprung der Frage. Sie entstammt der Neugier, dem Gedächtnis, dem Hörensagen, den Büchern.

Fand Ihr Erwachen plötzlich oder schrittweise statt?
Das Erwachen ist augenblicklich, aber die Umwandlung auf der phänomenalen Ebene findet in der Zeit statt.

So kann ein Weiser nach der Erleuchtung also noch reifen?
Man wird auf allen Ebenen ergriffen, die Umwandlung und Harmonisierung der menschlichen Substanz, des Temperaments, des Charakters und des biologischen Organismus sind aber zeitgebunden. Nicht alle Erleuchteten sind Lehrer oder werden sogleich zu Leh-

rern. Die Weise der Wahrheitsübermittlung kann reifen.

Wie war Ihr geistiger und körperlicher Zustand kurz vor Ihrem Erwachen in Bewußtheit?
Empfänglichkeit. Absolut nicht-orientiert, nicht-lokalisiert, total entspannt, ohne Projektion, Erwartung oder Idee. Erst in diesem völlig entspannten Zustand wurde ich von der Gnade ergriffen.

Sie haben gesagt, daß Sie in diesem Augenblick fliegende Vögel betrachtet haben. Wie erschienen sie Ihnen?
Es schien mir, als sähe ich das erstemal Tatsachen ohne jegliche Einmischung auf irgendeiner Ebene.

Es war also ein Sehen ohne Eingreifen, und dann wurden Sie vom Nicht-Eingreifen selbst ergriffen, nicht wahr?
Ja. Ich wurde plötzlich vom Gewahrsein aufgesogen, Gewahrsein, in welchem es nichts gab, dessen ich gewahr war.

Würden Sie mit dem Zen-Wort sagen, daß es da «weder Berge noch Vögel» gab?
Ja. Die Welt existiert nicht mehr als Illusion, als Māyā.

Später haben Sie die Vögel dann wieder gesehen?
Ja. Aber sie hatten keine gesonderte Existenz mehr. Sie erschienen in meinem Sein, als ein Ausdruck meiner selbst.

Und ist diese neue Art zu sein dauerhaft geblieben?
Ja. Es war keine Manipulation des Intellekts. Jeder kann

zu einer intellektuellen Repräsentation des Seins gelangen, die sehr poetisch sein mag.

Ist diese intellektuelle Repräsentation nicht notwendig, damit die Erfahrung nicht zufällig bleibt?
Intellektuelle Klarheit ist sehr wichtig. Sie bringt den Geist zum Aufgeben. Wenn der Geist nicht informiert ist, zieht ihn das vernunftmäßige Verstehen weiterhin an und verhindert ein Loslassen und ein Erfaßtwerden vom totalen Verstehen als Sein.

Wie erschienen Ihnen die verschiedenen Lebenssituationen, als Sie erst einmal in diese Fülle fest gegründet waren?
Das Leben ging weiter wie bisher, aber ich empfand mich nicht mehr als ans Dasein gebunden. Alle Aktivitäten bezogen sich auf die Totalität, auf das Sein; nichts fühlte sich zufällig oder unbewußt an. Ich würde sagen, alle Tätigkeiten wurden geheiligt. Da ich nicht mehr an die Dinge gebunden war und es keine Lokalisierung in Formen oder Begriffen mehr gab, empfand ich das Grenzenlose, die Weite, in welcher sich alles zutrug. Alles erschien im Raum. Wenn Sie an die Tätigkeit gebunden sind, sehen Sie nur die Tätigkeit selbst und nicht, wie sie mit der ganzen Umgebung in Beziehung steht. Dem Schauen aus der Totalität heraus zeigen sich die Dinge in einer Situation, die man nie zuvor gesehen hat, und Unterscheidung und reine Intelligenz tun sich kund.

Ihr Verhalten hat sich also geändert?
Nicht willentlich. Wenn man die Situationen in ihrem ganzheitlichen Zusammenhang ohne persönliche Beweggründe sieht, finden sich Geduld und Hingabe –

also Gelassenheit, welche nicht fatalistisch ist. Die Änderung ergibt sich, weil Sie den jedem Ding innewohnenden Wert sehen.

Wird Ihr Tun nicht irgendwie durch Ihren Charakter geleitet, auch wenn es nicht mehr vom Willen geleitet ist?
Ja. Der eingeborene Charakter besteht weiter; er ist jedoch von allem, was wir gemeinhin Persönlichkeit nennen, also von Reaktion und Widerstand – geläutert. Dies alles verschwindet, nur der «natürliche» Charakter bleibt.

Und wenn der Charakter nun beispielsweise ehrgeizig, herrschsüchtig, launisch, manipulierend oder heftig ist?
Es kommt zu einer unmittelbaren Reduktion der sogenannten Persönlichkeit auf ihre grundlegenden Charakterzüge. Dies führt zu einer unmittelbaren Richtigstellung der ganzen psycho-physiologischen Struktur. Die totale Harmonisierung der Energie braucht jedoch Zeit.

Wie ist ein von aller Konditionierung befreiter Charakter?
Er hat seine eigene Würze, welche vom Erbgut abhängig ist.

Sind nicht die meisten spirituellen Praktiken auf eine Verbesserung des Charakters ausgerichtet?
Viele Menschen glauben, es sei da jemand, der sich verbessern müsse.

Kann der Weise noch Vorliebe und Abneigung empfinden?
Nein. Vorliebe und Abneigung kommen aus einem Ansichtszentrum. Für den Weisen sind die Dinge im Moment selbst der Situation angemessen.

Warum aber nimmt das Wirken verschiedener Weiser so verschiedene Formen an?
Jede Situation bringt ihr eigenes, jedoch potentielles Handeln mit sich. Die Verwirklichung der Handlung ist Sache der Persönlichkeit, der Vorstellungskraft, der körperlichen und geistigen Veranlagung. Man kann der gleichen Situation auf unterschiedliche Weise entsprechen, ohne daß die der Situation innewohnende Richtung verlorengeht. Manche Menschen drücken sich durch Denken aus, andere durch ihr Tun, manche durch künstlerisches Schaffen, andere durch die Stille. Jeder Ausdruck ist ein Geben. Letztendlich ist alles Spiel, Ausdruck universaler Energie. Manche Weise stehen mehr als andere im weltlichen Leben. Es gehört zu ihrem Dasein, zu dem, was sie mitgebracht haben. Kein Weg ist besser oder schlechter als ein anderer. Daß ein weiser Mensch aus der Gesellschaft austreten müsse, ist eine irrige Vorstellung, eine falsche Deutung. Wenn ein Weiser *in* der Gesellschaft, aber nicht *von* ihr ist, ist er oder sie das positivste Element dieser Gesellschaft.

Warum gibt es so wenige harmonische Wesen in der Welt?
Diese Frage ist eine Flucht vor der Erforschung Ihres eigenen Mangels an Harmonie. Wenn ich Ihnen «historische» Antworten gebe, verstärkt dies nur Ihr Ausweichen vor einer echten Frage.

Trägt der Weise irgendeine Verantwortung, andern zu helfen und sie zu unterweisen?
Das Wort Verantwortung ist einfach nicht treffend. Die Unterweisung kommt aus Liebe, aus Mitfühlen, aus

Dankbarkeit. Darin liegt kein Pflichtgefühl, kein Verlangen, persönlich die Welt zu verbessern, sie ist frei von Beweggründen. Die Idee, der Lehrer tue etwas, beruht auf einem Irrtum. Die Übermittlung kann nicht willentlich geschehen. Wenn Reife da ist, entzündet sich die Kerze. Es gibt jedoch Menschen, welche ihre Rolle als Erdenbürger ablehnen. Die Aufgabe besteht darin, zu einem Gleichgewicht zu kommen, in der Welt zu sein, aber nicht von ihr.

Sie sagen, wenn der Lehrer uns nicht schnell zu einer intellektuellen Klarheit führe, sollten wir uns nicht aus falschen Motiven wie Anziehung oder Abhängigkeit von seiner Persönlichkeit zum Bleiben bewegen lassen. Außerdem hat es Lehrer gegeben, welche Schüler fortgeschickt haben, bei denen sie keine Reifung feststellten. Ich kenne Sie nun seit zehn Jahren, und wenn ich auch auf psychosomatischer Ebene eine gewisse Klarheit empfinde und meinem Leben offener und sogar mutiger begegnen kann, habe ich doch nicht das Gefühl, daß sich die Achse meines Lebens wesentlich verlagert hat, geschweige denn, daß ich das plötzliche Erwachen erlebt habe, welches ich ersehne. Weshalb schicken Sie mich nicht weg?

Es gibt verschiedene Arten der Unterweisung. Mein Weg ist der, mich jedem auf der Ebene, auf der er sich gerade befindet, zu nähern. Wenn er seinen Lebensunterhalt als Straßenkehrer verdient, helfe ich ihm dabei, seine Arbeit gut zu machen. Reifung läßt sich nicht messen, weil sich das, was Sie sind, weder objektivieren noch vergleichen läßt. In jedem Moment wird das Vergangene verzehrt. Vielleicht haben Sie sich meine Worte nicht zu Herzen genommen, haben Sie nicht wirklich mit ihnen gelebt. Sie haben sich mehr für anderes interessiert: Geld verdienen, Klavierspielen lernen, Liebhaber finden, heiraten, Kinder. Wenn Sie sich meinen Worten mit demselben Enthusiasmus hingeben würden, den Sie für andere Dinge aufbringen, hätten Sie bereits, was Ihr Herz zutiefst ersehnt. Meine Worte kommen von Herzen.

Ich bin aber überzeugt, daß ich Ihre Worte ernstgenommen und getan habe, was ich konnte. Dennoch empfinde ich weder Freiheit noch dauerhaften Frieden.
Gehen Sie noch weiter. Leben Sie wirklich mit dem Gesagten. Träumen Sie sogar davon, damit Sie damit in Einklang kommen. Man bekommt immer, was man wirklich will; Sie müssen es aber wirklich mit dem Herzen wollen. Denken Sie daran: Geld und andere Wünsche kommen nicht aus dem Herzen, sondern aus dem Geist. Jedes Verlangen erwächst dem tiefen Verlangen nach Frieden und Freiheit. Leben Sie mit dem tiefsten Herzensverlangen, und dieses wird Sie zum Nicht-Verlangen bringen.

Sie beschreiben den absoluten Nicht-Zustand als Stille. Andere beschreiben ihn als Liebe und Frieden. Existiert in Ihrer Stille Liebe?
In der Stille gibt es keinerlei Zustände oder Begriffe. Sie *sind* diese Fülle. Sie können nicht über Liebe oder Frieden sprechen. Diese Fülle *ist* Liebe, *ist* Frieden, *ist* Seligkeit. Sie ist unbeschreiblich. Versuchen Sie nicht, Liebe und Frieden zu vergegenständlichen, Zustände daraus zu machen. Ich sehe, daß Sie noch Gefühlen verhaftet sind. Sie wollen mich über Liebe sprechen hören, etwas, woran Sie sich halten können, was Sie fühlen, be-

wundern oder erlangen können. Ich werde Ihnen auch nicht einen Strohhalm zum Festhalten geben, und in dieser Leere werden Sie von sich selbst ergriffen werden. Sie sind Liebe, versuchen Sie also nicht, ein Liebender zu sein.

Ich habe das Gefühl, daß viele meiner Fragen belanglos sind. Wie kann ich wissen, was ich Sie fragen soll?
Schauen Sie, woher Ihre Fragen kommen. Sehen Sie, daß sie der Unsicherheit, Unruhe und Angst entsteigen. Nehmen Sie Notiz davon, daß Ihre Formulierungen Flucht vor einer Konfrontation mit diesen Tatsachen sind. Fragen, welche nicht aus dem Moment selbst kommen – Fragen, welche Sie suchen müssen –, sind hier nicht angebracht. Die einzigen angebrachten Fragen sind jene, welche spontan aus dem Beobachten der Tatsachen, ihrer augenblicklichen Situation des Zweifelns, der Unruhe, der Eifersucht, des Hasses, der Begierde und so weiter kommen.

Sie haben sich an Antworten auf der begrifflichen Ebene gewöhnt und wollen auch von mir solche Antworten hören. Die Antwort auf Ihre wirklichen Fragen erhalten Sie jedoch nie auf der begrifflichen Ebene. Die wahren Fragen entspringen der Antwort selbst, weil ein Sich-der-Situation-Stellen die Antwort ist. Daher können Sie die Antwort nur in sich selbst finden. Sie selbst sind die Antwort, nach welcher Sie in allen Fragen suchen.

Das stimmt. Ich bin in der Hoffnung hierhergekommen, von Ihnen Antworten zu erhalten. Wie kann ich zu meiner eigenen Antwort gelangen?

Die wahre Antwort wird innerlich empfunden und nicht außen gehört. Sie liegt in der offenen Frage. Sie werden mit Antworten aus zweiter Hand nie glücklich werden, weshalb also danach suchen? Leben Sie mit Ihrer wahren Frage. Entfernen Sie sich nicht von ihr. Wenn Sie sich ihr öffnen, wird sie sich in Ihnen entfalten. In Ihrem Offensein finden Sie zur lebendigen Antwort.

*In der ästhetischen Freude kommen wir
zu uns selbst zurück, zu unserem wahren Sein.*

Ein Gespräch über Kunst

Sucher: Ich habe schon lange auf die Gelegenheit gewartet, Sie beide zu fragen, was wirkliche Kunst für Sie bedeutet. Ist sie eine amorphe Masse menschlicher Ausdrucksweisen, oder können wir genauer beschreiben, was sie ist?

Philosoph: Letztlich verweisen alle Gegenstände auf das Wahre und Schöne; es gibt aber Objekte, welche uns *par excellence* zum Wahren und Schönen zurückbringen – das sind Kunstwerke.

Sucher: Hat alles, was wir üblicherweise Kunst nennen, diese Kraft?

Philosoph: Kunst, die unsere Sinne tief berührt und uns über diese hinaus in einen zeitlosen Zustand bringt, könnte man sakrale Kunst nennen. Dekorative oder experimentelle Kunst läßt uns an den Sinnen haften und wäre daher als säkular zu bezeichnen. Große, «sakrale» Werke, welche die symbolische Kraft haben, uns ins Reich des Unpersönlichen zu schleudern, sind sehr selten.

Sucher: Sprechen wir über diese Kunstwerke! Was meinen Sie mit «sie berühren unsere Sinne tief und bringen uns darüber hinaus»?

Künstler: Ist es nicht die ästhetische Freude, welche ich manchmal empfinde, wenn ich so sehr in ein Kunstwerk vertieft bin, daß dieses als Objekt nicht mehr gegenwärtig ist? Es bleibt nur ein Gefühl des Staunens, der Freude und Weite, in welchem ich Raum und Zeit vergesse und, wie Sie sagen, nicht mehr «an meinen Sinnen hafte».

Philosoph: Genau. In der ästhetischen Freude kommen wir zu uns selbst zurück, zu unserem ursprünglichen Sein. Die Freude, die große Kunstwerke in uns erwekken, liegt in ihrer Kraft, uns auf das hinzuweisen, was wir sind, auf dieses nackte, spielerische, von Denken und Selbstbewußtsein freie «Seinsein».

Künstler: Ja! Wenn ich bestimmte Gedichte lese, wenn ich mir Beethovens Quartette anhöre oder vor manchen Skulpturen von Henry Moore stehe, befinde ich mich nicht mehr in der Alltagswelt, sondern in einer Empfindung von Einheit und Ruhe. Es ist ein Gefühl der Befreiung von Grenzen, von der Routine des Alltags und von dem, was ich gewöhnlich «mich» nenne. Es gleicht jenen Augenblicken des Staunens, an die ich mich aus meiner Kindheit verschwommen erinnere.

Sucher: Verweilen Sie in dieser Empfindung, oder kommen Sie zum Objekt zurück?

Künstler: Ich komme auf die Details zurück, um zu sehen, was es ist, das mich erfreut. Dieses Zurückkommen geschieht spontan, es ist der Wunsch, mir das Werk zu eigen zu machen. Ich erforsche die Komposition, ich erschaffe sie Punkt für Punkt neu, bis es nichts mehr zu beobachten gibt, und dann lasse ich mich wieder von der Freude ohne Gegenwart des Objektes aufnehmen.

Philosoph: Ja. Man kehrt unwillkürlich zur Erforschung eines Werkes zurück, weil die Sinne noch nicht vollständig in das Ganze, in die Empfindung der Einheit integriert sind, jedoch danach verlangen. Wenn wir die Details eines Kunstwerkes Punkt für Punkt erforschen, bleibt die umfassende Empfindung als Hintergrund bestehen, und jedes Detail bezieht sich spontan darauf. So bleibt die Aufmerksamkeit weit, und in ihr verlieren die Sinne ihre Objektivität und entfalten sich. Diesmal sind sie jedoch bewußt in unser Gewahrsein integriert, es macht sich nicht mehr sofort das Verlangen bemerkbar, zu den Details, zur Betonung des Objekts zurückzukehren. Das würde eine Schmälerung der Empfindung von Einheit sein. Dies ist die Vermählung – in Dankbarkeit – von Bewunderung und Wertschätzung.

Sucher: Schließlich stellt sich aber das Verlangen, das Ereignis erneut anzuhören oder zu betrachten, wieder ein. Weshalb ist das so?

Künstler: Wenn die Sinne derart begeistert und gewandelt werden, ist es nur natürlich, daß man sich wünscht, den Genuß zu wiederholen. Wir sind Kreaturen der

Sinne, und die ästhetische Freude ist die Sinnlichkeit der Götter. Große Kunstwerke sind eine unerschöpfliche Quelle der Freude.

Sucher: Könnten wir sagen, daß ästhetisches Erfülltsein nach der Integration der Sinne vollständiger ist?

Philosoph: Die Fülle wurzelt dann tiefer in der Ganzheit des Lebens. Ohne die Integration aller Elemente bleibt die Empfindung der Ganzheit nebulös wie eine mystische Erfahrung. Es ist wichtig, daß Körper und Geist integriert sind, daß objektives Wissen nicht verneint, sondern in die Totalität des Wissens als Sein einverleibt wird.

Sucher: Sie sagten, das Objekt verlange nach Integration in die Einheit. Was übt eine solche Anziehungskraft auf das Objekt aus?

Philosoph: Man könnte mit Plotin sagen, daß es eine Emanation Gottes und ein Zurückkehren zu Gott ist. Oder wir könnten einfach sagen, das Objekt werde von seinem Urgrund, von der Ganzheit, angezogen. In einer multidimensionalen Aufmerksamkeit sind die Sinne entspannt, so daß das Objekt seine Starrheit verliert und sich in Ihnen entfalten kann. Diese Entfaltung wird gewöhnlich durch Ihre mentale Einmischung verhindert. An einem bestimmten Punkt wird der letzte Rest an Objektivität plötzlich in den Magneten umfassenden Gewahrseins aufgesogen.

Sucher: Was gibt diesen Kunstwerken die Kraft, uns ins Nicht-Zeitliche zu katapultieren?

Künstler: Es ist die vollkommene Komposition und das Gleichgewicht von Farbe, Form und Ton, welche die fundamentalen Elemente, Licht, Raum und Stille offenbaren. Kurz, das Werk muß harmonisch sein.

Sucher: Könnten wir nicht sagen, daß die Harmonie des Werkes ein Echo in uns hervorruft, welches an unsere eigene Harmonie erinnert, und daß diese Erinnerung die besagte Empfindung von Staunen ist? So ist also Ganzheit dem Werk und dem Betrachter gemeinsam; wie könnte es uns sonst so stark daran erinnern?

Philosoph: Ja, genau. Die fundamentalen Elemente sind allen gemeinsam. Kunst spiegelt die Harmonie wider, welche wir zusammen mit allen Dingen sind. Sie enthält die Totalität in sich. Die Natur ist harmonisch, und das menschliche Sein ist Teil der Natur.

Sucher: Was genau haben wir unter «Harmonie» zu verstehen? Sie kann nichts mit Symmetrie zu tun haben, denn die Natur ist alles andere als symmetrisch.

Philosoph: Harmonie ist die Totalität, in welcher alles ohne Konflikt existiert. Sie ist dasselbe wie Schönheit. Unser wahres Wesen und das wahre Wesen des Kunstwerks sind ein und dasselbe. Das Kunstwerk ist eine Kundgebung, eine Andeutung, wenn Sie wollen, dieser Einheit.

Sucher: Wenn wir also ein Kunstwerk als schön bezeichnen, tun wir dies, weil es an das Schöne in uns erinnert, auf das Schöne in uns verweist. Ist Schönheit dann gewissermaßen etwas Subjektives?

Philosoph: Überhaupt nicht. In der Totalität gibt es weder Subjekt noch Objekt, wie könnte es da so etwas wie Subjektivität oder Objektivität geben? Die Schönheit ist eins, wenn auch ihre Ausdrucksformen vielfältig sind. Im Schönen gibt es kein Objekt, wie könnte es also ein Subjekt geben?

Sucher: Wenn das Schöne auch nicht relativ oder vergleichbar ist, weil es nicht an das sogenannte Objekt gebunden ist, könnten wir dennoch sagen, daß gewisse Werke durch ihre eigene Schönheit zum Schönen inspirieren. Wenn wir jedoch die Vielfalt der Dinge betrachten, welche uns mit unserer Totalität, mit unserer Göttlichkeit inspirieren, ist es schwierig, einen roten Faden zu finden, der sie alle durchzieht. Unser Künstler hat gesagt, daß die Komposition die fundamentalen Elemente offenbare, doch dies hilft mir nicht wirklich weiter. Was also ist es, das gewissen Objekten die symbolische Kraft verleiht, über die Sinne hinaus auf unser wahres Wesen zu weisen?

Künstler: Die Komposition ist so, daß sie Schönheit und Harmonie freilegt. Sie betont nicht den objektiven oder materiellen Teil, so daß Sie nicht am Oberflächlichen haftenbleiben, sondern geradewegs von den fundamentalen Elementen ergriffen werden, auf welche die Komposition hinweist. Die großen Werke rufen Sie mit verschiedenen Techniken in die räumliche, zeitlose Dimension. Das Volumen ist auf eine Weise gestaltet, die den Raum befreit; die Farbe befreit das Licht und der Ton die Stille.

Sucher: Stellen diese fundamentalen Elemente unser wahres Wesen dar?

Philosoph: Sie kommen als Manifestation dem Sein am nächsten. Sie sind reine Existenz, die Basis der Existenz im Gegensatz zu der projizierten Existenz, die wir für gegeben halten. Sie haben nichts mit einem Gesichtspunkt zu tun. Wenn Sie zur reinen Existenz ins Licht, in die Stille und in den Raum zurückgeführt werden, sind Sie dem Sein nahe, welches Hintergrund jeglicher Manifestation ist und aus welchem alle Existenz kommt.

Künstler: Die großen Kunstwerke bringen uns einen Geschmack dessen, was wir sind. Ich fühle beispielsweise meine eigene Schwerelosigkeit zwischen den Säulen und Kapitellen antiker griechischer Tempel. Ihre Proportionen sind so perfekt, daß sie im Himmel wie auf der Erde beheimatet sind und mich ins Nirgendwo versetzen. Und wenn ich mich in einer romanischen Kirche befinde, führen mich deren einfache und reine Linien zu meinem Zentrum zurück. Sie inspirieren innere Ruhe. Man erinnert sich seines eigenen Lichtes und seiner eigenen Raumhaftigkeit vor bestimmten Skulpturen von Brancusi, Arp oder Henry Moore oder vor chinesischen Malereien des 16. und 17. Jahrhunderts. Und Sie brauchen sich nur Bachs «Kunst der Fuge» oder die bereits erwähnten Quartette Beethovens anzuhören, um von der Stille aufgenommen zu werden. Die wahre Musik ist zwischen den Tönen und hallt noch lange nach, so wie ein schönes Gedicht wie ein Echo lange nach seiner Lektüre oder ein liebenswerter Mensch lange nach seiner Begegnung in Ihnen weiterlebt. Aus diesem Grund kann ich auch nicht verstehen, weshalb die Menschen nach einem wunderbaren Konzert einen so barbarischen Lärm machen, bevor die letzten Noten sich entfaltet und in unserer Stille verflüchtigt haben. Ich erinnere mich an die Zeilen von Walt Whitmann: «Musik ist, was in dir erwacht, wenn die Instrumente dich daran erinnern / Sie ist nicht in Geigen und Kornetten ... auch nicht in der Partitur des Bariton / Näher und ferner ist sie als diese.»

Philosoph: Es ist deutlich, daß Sie wirklich empfunden haben, was die Essenz unseres Gespräches ist. Große Kunst läßt uns zu uns selbst erwachen. Echtes Bewundern ist jenseits aller Emotionalität, und wahrer Kunst geht es nicht darum, sentimentale Gefühle zu erregen.

Künstler: Oh! Es kann jedoch ein Gefühl aufkommen, welches nichts mit alltäglicher Emotionalität, mit unseren gewohnten, sich wiederholenden Gefühlszuständen zu tun hat. Es ist vielmehr jedesmal neu, ein Ausdruck der Dankbarkeit, welche sich aus den tiefsten Schichten unseres Seins erhebt.

Sucher: Wenn ich also richtig verstehe, zeigt sich diese symbolische Kraft eines großen Kunstwerkes gerade dann, wenn der Künstler die oberflächlichen Elemente nicht betont. Können wir noch etwas auf diese künstlerische Schlichtheit eingehen?

Philosoph: Ohne psychologische Einmischung in Abwesenheit der Person des Künstlers besteht keine Versuchung zur «Überzeichnung», und Schlichtheit, wie

Sie sagen, ergibt sich spontan. Das ist die Askese des Künstlers. Der «Ich»-lose Künstler weiß instinktiv, was er setzen, und vor allem, was er lassen muß. Wahrhaft schöne Kunst ist nicht bemüht sonderbar. Sie bindet Sie nicht an Form und Inhalt. Sie ist so aufgebaut, daß sie ihre Greifbarkeit verliert. Die Schwerelosigkeit griechischer oder ägyptischer Architektur ist dem Zusammenkommen von Raum und Form zu verdanken. Wo zwei Linien zusammentreffen und zur Einheit zurückfinden, ist der Punkt, an dem die Gegensätze keinen Halt mehr finden. In dieser Konfliktfreiheit ist der Beschauer offen für die Harmonie und wird von der Freude ohne Repräsentation, seiner eigenen Harmonie, ergriffen.

Künstler: Aus diesem Grunde muß Kunst ein Überraschungsmoment enthalten. Sie muß Andeutung sein. Sie ist teilweise verborgen, und dieses Geheimnis ist sakral. Die schöpferische Kraft großer Kunstwerke ist die Offenbarung des Heiligen – also unseres wahren Wesens.

Sucher: Empfindet der Künstler diese sakrale Funktion seines Werkes?

Künstler: Sicherlich, auch wenn er sie nicht benennt. Im Künstler gibt es ein ursprüngliches Gefühl der Fülle, welches als Dankbarkeit überbordet. Diese wandelt sich ihrerseits in den Wunsch, zu geben oder zu teilen. Der Künstler lebt mit dem brennenden Verlangen, dieses ursprüngliche Gefühl mit anderen zu teilen. Das ist der Hintergrund seines Lebens. Dieses Darbringen sucht nach einem Ausdruck, es möchte spezifisch werden. Man braucht nicht ein großer Künstler zu sein, um dies zu empfinden. Es ist allen Menschen gemeinsam. Beim Künstler kommt es jedoch auf Grund seiner Fähigkeiten in einem bestimmten Augenblick zu einer Verdichtung der Energie. Das Verlangen lokalisiert sich immer mehr, und der Künstler ringt um einen Ausdruck, darum, eine entsprechende Darstellung zu finden und diese in ihrer höchsten Form zu verwirklichen. Dieses Konkretisieren bedeutet das Erlöschen des Verlangens, die Darbringung des Opfers. Sobald die Repräsentation gegeben ist, findet eine Entpannung der Energie statt.

Sucher: Sie sagten, die Repräsentation, die schöpferische Vision sei gegeben. Spielt das Denken also im kreativen Prozeß keine Rolle?

Philosoph: Die schöpferische Einsicht hat nichts mit Denken zu tun. Sicher benötigt man das rationale Denken, das bereits Bekannte, um sie in Raum und Zeit bringen zu können, dieses Denken gründet jedoch stets auf der umfassenden Einsicht.

Künstler: Ein Künstler ist nur ein Empfänger. Er weiß, daß er als Macher einzig nach dem Gedächtnis produzieren kann. Der Künstler muß sich daher der Inspiration in seiner Blöße stellen. Sein eigener Brunnen ist nicht sehr tief, er muß aus der universalen Quelle der Kreativität schöpfen. Die Inspiration kommt immer unerwartet wie ein Geschenk aus den tiefsten, total unpersönlichen Schichten des Seins. Alle großen Künstler wissen, daß sie auf die eine oder andere Weise nur Instrumente sind. Bach war sich dessen sehr bewußt.

Sucher: Wie öffnet sich der Künstler der Inspiration?

Künstler: Genauso wie jeder andere Sucher. Er versenkt sich in sein Medium mit der Sehnsucht, dem intensiven Verlangen, sich seiner schöpferischen Quelle zu nähern. Wenn ein Maler eine Blume betrachtet, sieht er sie nicht isoliert, sondern in Beziehung zu anderen Dingen, zu Raum, Licht und Farbe. So ist es bei allen Künstlern – alles wird in diesem Medium umgesetzt. Zugleich weiß der Künstler, daß er ohne Inspiration nichts tun kann und daß sich diese nicht erfinden läßt. Deshalb dankt er als Künstler, Macher, Denker, als jemand, der eine Absicht hat, ab. Er beherrscht die Kunst des Wartens. Er lebt in Empfangsbereitschaft, im Willkommenheißen, in seinem Medium, macht sich aber überhaupt keine Vorstellung davon, was kommen wird.

Sein Eifer ist ohne Gier oder Vorwegnahme. Manchmal mag er ein Thema haben, er ist aber völlig offen hinsichtlich der Art und Weise, wie dieses sich ihm darbietet. Er gibt sich der leeren Empfänglichkeit hin, und plötzlich und unerwartet wird er von der umfassenden Schau eines Werkes absorbiert. Dieser zeitlose Augenblick der Einheit ist die Schönheit des Künstlers selbst – durch das Fenster seines Mediums gesehen. Er ist von Ehrfurcht und Staunen überwältigt. Er empfindet Fülle und Einheit mit allen Dingen, und dieser tiefen Dankbarkeit entspringt der Wunsch zu geben. Das ist eine sakrale Emotion ohne jegliches persönliches Gefühl. Das

Thema ist nur Vorwand, dieser Darbringung in Zeit und Raum Ausdruck zu geben.

Sucher: Das Werk selbst ist dem Künstler also nicht wichtig?

Künstler: Das Medium ist nur der Kanal, durch den er zur schöpferischen Quelle gelangt und sie offenbaren kann. Es ist die Fähigkeit, seine Persönlichkeit aufzugeben, die jemanden zum großen Künstler werden läßt. Große Kunst hat nichts zu sagen, hat keinen Zweck, keine Absicht. Sie ist Geben in Freiheit. Ihre Bedeutung liegt in ihrer Absichtslosigkeit.

Sucher: Sieht man in diesem Aufblitzen, in welchem Schönheit in eine umfassende Schau des Werkes umgesetzt wird, überhaupt Details?

Philosoph: Nein. Das Werk wird nicht mit dem gewöhnlichen linear funktionierenden geistigen Auge gesehen. Es wird mit dem Auge gesehen, das sich öffnet, wenn der Geist von aller Erwartung frei ist, in Momenten tiefer Entspannung, weit von der Beengung durch Denkgewohnheiten entfernt. Dies kann jedem von uns tagsüber in den Intervallen geschehen, in welchen die «Ich-Vorstellung» abwesend ist, oder zwischen Tiefschlaf und Erwachen, bevor die lineare Gehirnfunktion wieder einsetzt. Wir erleben das in gewissen Träumen, in welchen wir in einem Augenblick eine umfassende Situation wahrnehmen, die wir später auf die Zeit ausdehnen und als «Zukunft» oder «Vergangenheit» beschreiben.

Künstler: Erinnern Sie sich an van Goghs Antwort, als sein Bruder Theo ihn fragte, wie er dazu gekommen sei, Bäume wie Flammen darzustellen? Er antwortete, er habe die vier Jahreszeiten mehrmals in einem einzigen Augenblick gesehen. Und Mozart schrieb, er habe viele seiner Werke in einem einzigen Augenblick gehört.

Sucher: Bleibt diese globale Vision während der Ausführung des Werks erhalten?

Künstler: Ja. Der Künstler lebt mit der anfänglichen Vision, und das Gefühl des Darbringens, die Dankbarkeit, inspiriert jeden Moment der Ausführung. Dann hat der Künstler Feuer gefangen, und er kann nicht mehr ruhig schlafen, bis er seine Einsicht zum Ausdruck gebracht hat. Während der Ausführung kann der Künstler jedoch sehr unter der Angst leiden, es möchte ihm vielleicht nicht gelingen, der großartigen Vision gerecht zu werden. Es kann vorkommen, daß ihm das tiefe motivierende Gefühl verlorengeht und er es dann mit Ideen oder Technik kompensiert. Wenn man aufmerksam genug ist, kann man das in der Arbeit fühlen.

Sucher: Sie sagten, der Künstler leidet, wenn er seine Vision nicht auszudrücken vermag. Eine weitverbreitete Ansicht besagt, Leiden inspiriere den Künstler auch. Da seine Persönlichkeit aber im schöpferischen Moment abwesend ist, kann dies unmöglich stimmen, nicht wahr?

Philosoph: Natürlich nicht. Ich bin versucht zu sagen, daß es sich hierbei um einen bürgerlichen Versuch handelt, Schuldgefühle abzubauen; darauf will ich jedoch nicht weiter eingehen. Jedenfalls handelt es sich dabei um eine Ansicht, welche auf einer oberflächlichen Beobachtung gründet. Keine echte Kunst entsteht aus Emotionalität, und sogenannte Künstler, die im Leiden ein künstliches Stimulans suchen, werden nie zur schöpferischen Quelle vorstoßen. Sie sind an das Stimulans gebunden. Leiden ist ein machtvoller Gefühlszustand; im schöpferischen Moment wird er jedoch objektiviert und wird etwas, das auf die Freiheit von Leiden verweist. Dieses Freisein ist der Urgrund aller Kreativität. Was großes Leiden verursachen kann, ist, wie unser Künstler bereits gesagt hat, das Getrenntsein von dieser Freiheit und das Verlangen, durch die Ausführung wieder zu ihr zurückzufinden. Der Akzent liegt in der Kunst nicht auf Ideen, man könnte aber sagen, daß die Repräsentation der Harmonie, das, was der Künstler Perfektion nennt, ein Ideal ist. Dieses Ideal können wir als «Muse» bezeichnen, es handelt sich aber dabei nicht um eine kulturelle Errungenschaft. Es gehört einem tiefen ästhetischen Empfinden an. Die Fähigkeit, diesem Ideal Ausdruck zu geben, hängt vom handwerklichen Können ab. Der Künstler weiß, daß er seine Vision nie vollständig nach außen bringen kann. Er kann sich dem nur annähern. Dies mag schmerzhaft sein, es ist jedoch nicht das, was der landläufigen Vorstellung von Leiden entspricht.

Künstler: Ich stimme Ihnen ohne Einschränkung zu und könnte noch hinzufügen, daß der Künstler – anders als der Wahrheitssucher – das Göttliche oft nur durch sein Medium wahrnimmt und es nicht in seinem täglichen Leben zu sehen vermag. In seinem Medium hat er ein Fenster zur Schönheit. Es kann aber sein, daß er nur dieses eine Fenster hat, deshalb lockt es ihn, Künstler zu sein. In einem gewissen Sinn sieht er seine eigene Schönheit nicht, weil er sie in der Schönheit des Kunstwerks vergegenständlicht. Diese Trennung schafft einen Konflikt, und der Wunsch, den Konflikt zu lösen, treibt ihn erneut ins Atelier.

Sucher: Ist dem Künstler auch das Vergnügen ein Hinweis?

Philosoph: Ja, absolut. Nur geht man gewöhnlich, wenn man Vergnügen findet, total darin auf und ist damit zufrieden. Leid ist antagonistischer als Vergnügen, es ist weniger harmonisch. Das Verlangen, sich vom Leiden zu befreien, ist stärker als jenes, vom Vergnügen freizukommen. Indem man sich vom Objekt befreit, wird man in die Autonomie katapultiert. In diesem Raume erblüht die Inspiration.

Sucher: Sie sagen, der Künstler leide, weil er der Empfindung der Totalität, der Vision seines Werkes, nicht gerecht werden könne. Was ist der Grund für diese Unfähigkeit?

Künstler: Sie können sich nicht ohne die dazu notwendigen Instrumente ausdrücken. Es gibt einen Punkt, wo das innere Empfinden so stark ist, daß man sich gezwungen fühlt, sein Repertoire an Techniken zu erweitern, um die Empfindung in Raum und Zeit ausdrükken zu können. Das Ausmaß des Dranges zur Darbringung und die Technik müssen sozusagen ebenso Hand in Hand gehen, wie beim Wahrheitssuchenden Intellekt und Erfahrung übereinstimmen müssen. Die Technik ist ein Mittel zum Zweck. Und doch verschwindet sie völlig im Kunstwerk.

Sucher: Wir sagten, Harmonie sei das Ganze, in welchem alles ohne Konflikt existiert, und sie manifestiere sich auf vielfältige Weise. Der Künstler erkenne intuitiv gewisse archetypische Formen, ursprüngliche Erscheinungen, und müsse begabt sein, um diese in das schöpferische Werk umsetzen zu können. Nach den alten Griechen kommen die archetypischen Formen in Gesetzen zum Ausdruck, die erlernt werden können. Sind Sie damit einverstanden, oder kann es sich dabei auch um ein intuitives Wissen handeln?

Künstler: Die Natur ist eine freie Symmetrie ohne rechte Winkel. Die Form eines Blattes, eines Blütenblattes, einer Welle oder die Bewegung der Knochen können als geometrische Struktur dargestellt werden; weil es aber in der Natur keine Wiederholungen gibt und sie daher alle Vergleiche überschreitet und in diesem Sinne vollkommen ist, ist Imitation unmöglich. Der schöpferische Künstler kopiert nicht die Natur, er setzt eine Form der Vollkommenheit in eine andere um. Bestimmte Kunstformen verlangen eine größere Kenntnis der geometrischen Struktur. Dieses Lernen hat aber mehr die Natur des Erinnerns als die des Erwerbens. Regeln kennen genügt nicht. Inspiration kommt, wenn die Regeln beiseite geschoben werden. Es ist paradox: Um Inspiration zu finden, müssen Sie sich selbst und alles, was Sie wissen, vergessen; um Ihre Inspiration darstellen zu können, müssen Sie selbstvergessen bleiben, jedoch zu Ihrer bekannten Kunstfertigkeit zurückkommen. Der Künstler muß völlig flexibel sein.

Sucher: Welche Beziehung herrscht zwischen Funktion und Schönheit?

Philosoph: Alles ist im Schönen. Die Funktion ist im Schönen, und die Gesetze von Harmonie und Komposition sind im Schönen. Schönheit, vergessen Sie das nicht, ist das, worin es keine Konflikte gibt, deshalb müssen alle Elemente der Kunst in Betracht gezogen werden. Es gibt eine Jataka-Geschichte*, in welcher der Bodhisattva einen Meister der Architektur anstellt, um eine Halle zu bauen, welche allen Zwecken angemessen sein soll. Der Architekt kann nicht begreifen, was der Bodhisattva unter «angemessen» versteht, und sagt, er könne nur nach der Überlieferung seiner Zunft arbeiten. Da zeichnet der Bodhisattva selbst einen Plan, in welchem die Form einzig vom Gebrauch, der von der Halle gemacht werden soll, bestimmt ist. Das ist nicht ein Stück Selbstausdruck – der Bodhisattva weiß einfach nur besser als der Architekt, was im Schöpfergeist alles enthalten ist.

---

* Geschichten von «früheren Geburten» des Buddha, in welchen der Buddha als Bodhisattva, ein Wesen, das auf dem Weg zur vollkommenen Erleuchtung ist, dargestellt wird. (Anm. d. Übers.)

Sucher: Für den Bodhisattva schloß also die «Funktion» der Halle viele Dinge mit ein, die der Architekt nicht sehen konnte, weil er durch eine bestimmte Vorstellung begrenzt war. Es ist schade, daß heute die meisten Architekten die Funktion auf Ökonomie, den Ausdruck ihrer selbst und das Experimentieren beschränken und dabei Harmonie und Schönheit, den Grund ihrer Existenz, vergessen.

Künstler: Dabei bestimmen die Gebäude, in welchen wir leben, die Art und Weise, wie unsere Gesellschaft funktioniert. Viele Menschen fühlen sich unruhig und sind sich nicht bewußt, daß der Raum, in welchem sie sich befinden, nicht die für sie richtigen Proportionen aufweist oder zu dunkel ist und so fort. So passiv sind wir in unseren Beobachtungen geworden!

Sucher: Wie können wir wieder zu aktiven Beobachtern und Bewunderern werden?

Philosoph: Wenden Sie Ihr ganzes Wesen dem Gegenstand zu, nicht nur den Geist mit Augen oder Ohren. Wie der Künstler sind auch Sie nur ein Empfangender. Ein Zuhörer oder Zuschauer darf nicht interpretieren oder voreilige Schlüsse ziehen. Wenn Sie eine schöne Skulptur betrachten und sofort zu sich sagen: «Dies erinnert mich an ...», machen Sie eine geistige Repräsentation daraus und können nicht fühlen, wie sich die Schönheit in Ihnen entfaltet. Bleiben Sie jedoch nicht passiv. Lassen Sie sich vom Werk zur Teilnahme einladen. Ästhetische Freude ist das Gefühl, zu schöpferischer Teilnahme zu erwachen, in der Sie das Werk umfassend sehen, so wie der Künstler es ursprünglich gesehen hat. Durch diese Kollaboration treffen sich der Künstler, das Werk und das Publikum in der Einheit. Die Vision kommt dem Künstler als eine unerwartete Gabe, ein Geschenk, aber erst im Betrachter wird dieses Geschenk ausgepackt.

Sucher: Würden Sie sagen, daß Kunst grundsätzlich sozial ist, wenn sie doch erst im Betrachter vollendet wird?

Philosoph: In diesem Sinne, ja. Die dem Künstler inhärente Funktion ist, uns über die Konventionen des täglichen Lebens hinauszutragen und alle Wesen in der Einheit zusammenzuführen. Ein großes Kunstwerk gehört niemandem. Bei großen Künstlern existiert kein Gefühl der Befriedigung über eine vollbrachte Leistung, das ein Gefühl der Person ist, die sich etwas auf ihre Schöpfung zugute hält. Große Kunst bleibt sakral, ein Symbol, eine Gabe, die von Gott kommt und ihm wieder dargebracht wird. Der Künstler empfindet sich nur als Instrument der Kundgebung. Da der Künstler allein auf die Ausführung ausgerichtet ist, kann nach der Vollendung des Werkes ein Gefühl von Befreiung aufkommen.

Künstler: Die schöpferische Kollaboration ist beim Künstler immer unterbewußt gegenwärtig, während er das Werk ausführt. Das tiefe Gefühl der Einheit und des Teilens mit anderen ist Bestandteil der globalen Vision. Es sagt ihm, wann er aufhören muß, seine Vision zu erklären, damit der andere sie aufnehmen kann. Mark

Rothko war sich dessen bewußt. Große Kunst überwältigt den Zuschauer nie durch mentale oder sinnliche Stimulation. Sie ist keine Droge für die Sinne, wie dies bei der Kunstproduktion, die wir heute zu sehen bekommen, mehrheitlich der Fall ist. Ein Kunstwerk sollte seine konkrete Wirklichkeit auf eine Weise verkünden, die keinen Raum mehr für Bewegung läßt. Raum ist nötig, damit es zur schöpferischen Wechselwirkung kommen kann. Viele Menschen mögen die Zeichnungen kleiner Kinder, welche oft spontan und von mentalen Einmischungen frei sind. In solcher Freiheit kann man sich frei fühlen.

Philosoph: Was unsere natürliche Aufmerksamkeit nicht wachruft, das ist kein Kunstwerk. Darstellungen, welche aus dem Experimentieren oder aus psychologischen Zuständen entstehen, sind bruchstückhaft und belassen uns in der Zersplitterung. Das Talent des Künstlers besteht darin, das Objekt seiner Objekthaftigkeit zu entkleiden.

Sucher: Heißt das, daß alles, was unsere Aufmerksamkeit wachruft, ein Kunstwerk ist? Anders ausgedrückt: Ist ein Kunstwerk nicht immer «gemacht», oder kann es auch gefunden werden?

Philosoph: Es wird *immer* gefunden, da es immer empfangen wird. Kunstwerke sind auf die Ganzheit verweisende Symbole, deren Ausführung aber Kunstfertigkeit verlangt. Das Kunstwerk ist eine Umsetzung, und als solche muß es auf eine bestimmte Weise ausgeführt oder aufgebaut werden.

Sucher: Ist die künstlerische Imagination, also das Organ der Umsetzung, ein gedanklicher Prozeß, oder «geschieht» sie spontan?

Künstler: Imagination kann nicht gedacht werden. Sie tritt spontan auf, wenn die Persönlichkeit abwesend ist. Sie offenbart, was in der Natur verborgen ist. Was sich in dieser Offenheit zeigt, hängt von der Phantasie und vom Geschmack des Künstlers ab. Die Imagination tritt aus dem Quell des Schönen und der grenzenlosen Ausdrucksmöglichkeit zutage und nimmt in der Einzigartigkeit der Existenz des Künstlers Form an.

Sucher: Wie weiß der Künstler, ob etwas aus echter schöpferischer Imagination oder nur aus einem mentalen Auswahlprozeß kommt?

Philosoph: Wenn Sie sich selbst besser kennenlernen, wird der Unterschied zwischen echter Imagination und mentaler Akrobatik klar. Imagination fließt aus der Totalität und läßt eine umfassende Empfindung zurück. Da gibt es keine persönliche Einmischung. Man findet diese nicht-persönliche Räumlichkeit im Haiku*, welches ein einfacher Ausdruck von Tatsachen ist, die sich in der Gegenwärtigkeit des Lesers auflösen. Oft nennt man das Tagträumen Imagination. Tagträumen nimmt aber immer auf ein «Ich» Bezug und beinhaltet ein Bestreben. Es geht dabei nur ums psychologische Überleben. Natürlich beginnt das Träumen vom Werden

---

* Japanisches Kurzgedicht mit 17 Silben in der Struktur 5-7-5. (Anm. d. Übers.)

schon in früher Kindheit, und die Gesellschaft ermutigt Zukunftsträume; das Tagträumen hält uns jedoch im Werdeprozeß gefangen und hindert uns daran, aus der kreativen Quelle des Seins zu schöpfen.

Künstler: Könnten wir nicht sagen, Tagträumerei sei Gleichnis und Imagination Metapher? Wenn ich zum Beispiel sage: «Seien Sie wie ein Vogel auf jenem Baum», werden Sie hier bleiben und sich vorstellen, Sie seien dort auf dem Baum. Wenn ich jedoch sage: «Sie sind ein Vogel auf jenem Baum» und Sie dies voll erfassen, kommt es zu einer totalen Umsetzung, in welcher kein Raum für Vergleiche bleibt. Sie *sind* der Vogel, und Ihre gesamte Struktur fühlt den Wind, die Bewegung der Äste und den Duft der Blätter. Sie stellen sich nicht bloß vor, dort zu sein, Sie sind einfach dort. Wie verschieden würden doch in den beiden Fällen Tanz, Musik, Theater und Malen ausfallen!

Philosoph: Genau. Das erste ist ein mentaler Prozeß und daher fragmentarisch, er beinhaltet Dualität. Im zweiten Falle existiert keine Zersplitterung. Wahre Imagination ist keine bloße Vorstellung. Man kann nicht im selben Moment hier und dort sein, denn das Bewußtsein ist immer eins mit seinem Objekt. Wenn man sich etwas vorstellt, beinhaltet das immer eine rasche Abfolge von Gedanken. Wenn man tatsächlich der Vogel, die Rolle, die Musik ist, ist da Einheit. Dann wird alles Schreiben, Malen, Tanzen, Spielen transformiert.

Sucher: Bleibt nichts Persönliches mehr übrig, wenn die Sinne in ihrer Totalität umgesetzt werden?

Künstler: Da ist niemand mehr, der tanzt. «Wie kann man den Tänzer vom Tanz unterscheiden?»

Philosoph: Wir wollen aber nicht vergessen, daß der Künstler sich nicht in seinem Gefühl verliert. Er ist eins mit seinem Tun, weiß aber um sich in diesem Tun. Dieses «sich», um das er weiß, ist nicht die Persönlichkeit des Schauspielers, sondern das, was hinter dem Schauspieler *und* der von ihm gespielten Rolle ist.

Künstler: Selbstverständlich *spielt* der Schauspieler nicht Hamlet. Das würde bedeuten, daß zwei Personen auf der Bühne sind, nämlich der Schauspieler und seine Interpretation des Hamlet. Nur wenn der Schauspieler als Handelnder abwesend ist, kann Hamlet gegenwärtig sein.

Philosoph: Hamlet ist in ihm, aber er ist nicht in Hamlet. Er kann nicht in Hamlet involviert, in ihm aufgegangen sein, da *er* abwesend ist. Das wahre Wesen des Handelns ist Nicht-Handeln.

Sucher: Ich bekenne, daß ich da nicht mehr mitkomme.

Künstler: Wenn er die Bühne betritt, nimmt der Schauspieler seine gewohnte Sammlung von Selbstvorstellungen, seine Persönlichkeit, nicht mit. Er ist seines Gedächtnisses, seines Vorausgreifens und so weiter ledig. Durch die Arbeit mit seiner Rolle ist Hamlet zu einem Teil seines Erfahrungsschatzes geworden, genauso wie irgendein anderer Teil seiner Persönlichkeit. Und wie alle Facetten seiner Persönlichkeit steht auch diese zur Verfügung, sobald sie benötigt wird, und verschwindet in der Leere, sobald sie nicht mehr gebraucht wird. Der Schauspieler wird im Moment des Spielens von ihr durchdrungen. Eine Rolle wird bei jeder neuen Aufführung neu geboren, wie auch jede einzelne Situation danach verlangt, daß eine neugeborene Persönlichkeit erscheint. Man trägt die Persönlichkeit nicht ständig mit sich herum, noch wiederholt man in einer Lebenssituation eine schon einmal gespielte Rolle. Alles, was geschieht, ist neu, frisch, unvorhergesehen.

Sucher: Wie kann man sich der traditionellen Kunst mit diesem Gefühl von Zeitlosigkeit und Freiheit von allen Schemata nähern?

Künstler: Kunst mag den Konventionen eines Jahrhunderts angehören, die Prinzipien sind jedoch zeitlos. Henry Moore zum Beispiel nutzt den Gegenstand auf wissenschaftliche Art, um auf den Raum zu verweisen. Auch in der überlieferten Kunst wird das Äußerliche nicht betont, sondern wird benutzt, um auf eine kollektive Bedeutung hinzuweisen. Man muß natürlich die symbolische Bedeutung voll erkennen, um ein traditionelles Kunstwerk würdigen zu können. Die Form ist nur Vorwand. Die ganze religiöse Kunst funktioniert auf diese Weise. Wenn Sie die Skulpturen aus der Tula-Periode in Indien betrachten, ohne deren Bedeutung verstehen zu können, werden Sie am Vorwand, am Äußerlichen haftenbleiben. Sie mögen sie bewundern, würdigen können Sie sie nicht.

Sucher: Besteht nicht ein Unterschied zwischen reiner ästhetischer Erfahrung, die uns über alle Gefühle hinausträgt, und dem religiösen Gefühl, welches beim Betrachten einiger traditioneller Kunstwerke aufkommt?

Philosoph: Das stimmt. In beiden Fällen werden Sie über den persönlichen Bereich erhoben. Ein religiöses Werk weist jedoch auf die kulturelle Repräsentation hin. Es ruft gewöhnlich kollektive Gefühle hervor. Total nicht-repräsentative Kunst kann uns dagegen von allen Anklängen der Repräsentation befreien. Sie kann Sie zur Leere und zum Licht führen. Wenn man jedoch Licht und Raum – das Sein ohne Repräsentation – bereits kennt, kann ein schönes religiöses Gemälde Sie tatsächlich zur objektlosen Freude zurückführen. Das Objekt ist ein Spiegel, der das reflektiert, was Sie ihm entgegenbringen.

Sucher: Ist dies nicht die Essenz aller Symbole, Riten und Mythen? Wenn das persönliche oder relative Element abwesend ist, kann man sich die Umsetzung jederzeit aneignen. Was als von Umständen abhängig begann, ist nun unpersönlich und autonom geworden.

Philosoph: Das ist sicher ein Thema für ein anderes Gespräch, für heute würde es zuviel Zeit beanspruchen; ich stimme Ihnen jedoch zu. Was von der Zufälligkeit der Zeit und des Raumes befreit und nicht-persönlich und nicht-zeitlich geworden ist, kann in der Zeit immer und immer wieder geboren werden. Dem ist die universale Freiheit gegeben, schöpferisch zu sein, also seinen Ursprung neu zu erwecken, die Exaltierung der

Sinne. Die spezifische, lokalisierte Zeit wird zeitlos gemacht, damit sie wieder in Zeit und Raum zurückkehren könne, nun aber in vollem Erblühen des Universalen und Kollektiven.

Sucher: Diese Bewegung schöpferischer Ereignisse ist Anerkennung und Ausdruck der Tatsache, daß wir alle Glieder in der Kette des Seins sind, Mikrokosmen des Makrokosmos. Kunstwerke, Riten und der Mythos sind Bestätigung und Exaltierung unserer grundlegenden Einheit. Um aber auf die Kunst zurückzukommen: Würden Sie sagen, von aller Repräsentation freie Kunst stelle eine höhere Kunstform dar?

Philosoph: Wir wollen ganz klar sein: Vom Objekt freie Kunst ist nicht abstrakt. Abstrakte, nicht-darstellerische Kunst ist im allgemeinen intellektuell, das, was ich «dekorativ» nenne. Sie setzt nicht die globalen Körperempfindungen ein, sondern ist aus einer Idee geboren. Deswegen kann sie sich nur in Teilen des Körpers entfalten. Bestenfalls hat sie eine angenehme Wirkung, wird Sie aber niemals über das Bruchstückhafte hinausbringen.

Sucher: Wenn Bewunderung und Würdigung zusammenkommen, ist also der gesamte Körper im Spiel?

Philosoph: Es ist wichtig, die Subtilität des Körpers zu erfahren, empfindsam genug zu sein, um zu wissen, wann das Schöne sich in uns offenbart und wann dies nicht der Fall ist. Alle Harmonie ist in uns. Wir sind ein Mikrokosmos der universalen Harmonie, wir müssen also auf ihr Echo in uns selbst lauschen. Wenn wir Musik hören, ein Bild betrachten oder uns in einem Gebäude aufhalten, müssen wir darauf achten, wie sie in uns wirken, wie wir in Geist, Körper und Gefühl darauf reagieren.

Sucher: Ich habe gehört, Musik wirke zum Beispiel auf drei Körperzonen ein, auf die untere (sexuelle) Zone, die mittlere Zone (Bauch) und die obere (geistige) Zone, welche dem Rhythmus, der Melodie und der Harmonik entsprechen sollen. Afrikanische und zeitgenössische Musik betonen häufig den Rhythmus, und Bach betonte die Harmonik.

Philosoph: Ja. Wir sollten uns bewußt sein, auf welche Weise wir berührt werden, und uns nicht mit einem Fragment identifizieren. Echte Würdigung ist nicht von Ideen bedingt. Weil wir alle aus denselben Grundelementen geschaffen sind, üben große Kunstwerke und die Natur durch die Jahrhunderte hindurch eine universale Anziehungskraft auf uns aus. Die alchimistische Umwandlung, in der Beobachter und Beobachtetes eins werden, ist nicht an Zeit und Raum gebunden.

Sucher: Es ist klar, daß wir nicht lernen müssen, *was* wir anschauen und anhören sollten, sondern *wie* zu schauen und zu hören ist. Wie kann ich aber wachsam sein, von den Tönen, ihrer Wirkung auf mich und gleichzeitig meinem Reagieren Notiz nehmen und zugleich passiv sein, im allumfassenden Hintergrund, in der Stille bleiben, aus welcher alle Dinge kommen?

Philosoph: Man muß forschen, wie ein Kind dies tut – in Offenheit. Das ist nur möglich, wenn der Aufseher, das Ego, derjenige, der Ansichten vertritt, abwesend ist. Das Lauschen ist dann nicht mehr auf die Ohren beschränkt, das Schauen nicht auf die Augen und der Geschmack nicht auf den Mund. Lauschen Sie also nicht einem Ton, lassen Sie zu, daß er Ihnen lauscht. Schauen Sie diese Blume nicht an, erlauben Sie ihr, Sie zu betrachten. Sobald Sie aufnahmebereit sind, steigert sich die Wahrnehmungsfähigkeit aller Sinne. Wenn keine Fixierung auf ein bestimmtes Sinnesorgan mehr besteht, können alle Sinne gleichzeitig ins Spiel kommen. Ein Sinn ist dann bloß Kanal für die anderen Sinne. Die Umsetzung eines einzelnen Sinnes zur Exaltierung aller Sinne ist eine Weise, mit den Objekten zu leben.

Künstler: Dies geschieht, wenn ich die Farbe Rot sehe und sie als warm, leidenschaftlich oder aggressiv empfinde. Manchmal hat sie sogar einen bestimmten Geruch. Blau erweckt in mir ein Gefühl von Ruhe, Raum und Kühle. Und wir sprechen ja auch von runden, flachen oder spitzen Tönen.

Sucher: Wie kann es zu der umfassenden Freude kommen, in welcher alle Sinne in der Ganzheit integriert sind, wenn das Umsetzen doch sukzessive stattfindet?

Philosoph: Wenn es keine Fixierung, keine Konzentration oder Ausrichtung gibt, läßt das Festhalten der Sinne nach, und diese lockern ihren Zugriff, welcher die spontane Entfaltung des ganzen Körpers verhindert. Brennpunktlose Achtsamkeit lädt das Objekt ein, seine

Geschichte zu erzählen. Das Willkommenheißen hat etwas Anziehendes, und wenn die Objekte von der Fixierung durch die Sinne befreit sind, werden sie spontan vom Willkommenheißen wie von einem Magneten angezogen. In einem bestimmten Augenblick kommt es zu einer plötzlichen Bewegung, und die Überreste fixierter Energie, Bruchstücke von Wahrnehmungen, werden ins umfassende Gewahrsein integriert. Eine vollständige Neuorchestrierung der Energie findet statt.

Sucher: Ist es das, was geschieht, wenn der Anblick fliegender Vögel oder ein Wasserrauschen plötzlich zum Tor zum umfassenden Gewahrsein wird?

Philosoph: Ja, wenn die Reife vorhanden ist, die aus dem Willkommenheißen erwächst. So wie der Künstler stets in seinem Medium lebt, in dem Wissen, daß es das Tor zur Quelle der Kreativität ist, so lebt der Wahrheitssucher jederzeit in dem Medium seines wahren Wesens, im Willkommenheißen, in der Offenheit. Wenn Sie als Körper leben, erscheint alles körperhaft; wenn Sie als Geist leben, erscheint alles geistig; wenn Sie als Künstler leben, erscheint alles als Farbe, Ton, Raum und Form; wenn Sie als Wissenschaftler leben, erscheint alles in Form von Beziehungen; wenn Sie in Bewußtsein leben, erscheint alles als Bewußtsein.

Sucher: So lebt der Künstler also in der Empfindung und in ihrem Ausdruck, und es ist ihm eigen, andere daran teilhaben zu lassen. Der Wissenschaftler objektiviert sein Wissen; er sagt: «Ich weiß.» Der Wahrheitssucher dagegen betont weder die Empfindung noch das Wissen oder irgendeinen Gegenstand, sondern das Wissen als Sein. Nach der Intuition des Seins verliert er also den Reflex zu vergegenständlichen und bleibt in der Einheit. So ist er in einem fortwährenden Geben.

Künstler: Wenn wir dieses schöpferische Verlangen kennen, sind wir dann nicht dem Verstehen des kosmischen Verlangens, aus welchem die ganze Schöpfung kommt, so nahe, wie es nur geht? Sicher ist der Schöpfungsprozeß beim Künstler derselbe wie bei der Schöpfung des Universums, nur daß das kosmische Verlangen nie total gestillt wird, da seine Verwirklichungsmöglichkeiten unendlich sind. Dieses Verlangen bleibt ohne Anfang und ohne Ende. Es ist Archetyp alles Verlangens. Die Tätigkeit Gottes kommt nur im Wissen als Sein zur Ruhe, wo die Stille sich selbst begegnet. Die Transparenz des Weisen ermöglicht es dem Sein, sich selbst zu begegnen. Feuer löscht das Feuer.

Sucher: Könnten wir nun nicht sagen, daß Weisheit und Liebe zur Kunst Hand in Hand gehen?

Philosoph: Sicher lieben weise Frauen und Männer das Schöne, denn es spiegelt ihre eigene Schönheit wider. Weise sind Lebens-Künstler, sie bringen sich durch ihr ganzes Sein und durch ihre Lehre dar. Wahrhaft weise Menschen sind – wie große Künstler – selten. Ihr ganzes Leben ist eine einzige Opfergabe, und ihre Zuhörer sind zum Teilnehmen daran eingeladen. Gleich dem Künstler im schöpferischen Augenblick ist auch der Weise frei vom Ego, er ist nur ein Kanal, und wie der Künstler läßt er jene, welche bei ihm die Wahrheit suchen, Erfüllung in sich selbst finden.

Künstler: Und doch: Sind wir nicht alle Weise in dem Moment, wo wir ein Meisterwerk der Kunst betrachten oder anhören? Wo sind wir drei in eben jenem Augenblick? Wo ist auch nur das Gefühl, vereint zu sein oder zu teilen? Da ist nur Schauen, nur Lauschen. Da ist nur Offenheit, stille Kommunion im Sein. Ist dies nicht die Essenz der Weisheit?

Sucher: Die Empfindung dieses Gesprächs wird lange in mir weiterleben. Die Existenz ist das Kunstwerk, in welchem alle zu einem Fest der Liebe zusammenfinden.